Anselm **Grün**

ÊTRE EN HARMONIE
Oublier SES SOUCIS
SIMPLEMENT **vivre**

Traduit de l'allemand
par Raymond Rakower

W0191349

LES CLES DE LA
spiritualité

jouvence
EDITIONS

Extraits de la collection « Poches Jouvence »

Le courage, Osho, 2013

La liberté, Osho, 2012

Savoir écouter, ça s'apprend !, Christel Petitcollin, 2012

Les secrets de santé et bien-être de Sainte Hildegarde de Bingen,
Daniel Maurin, 2012

Être en pleine conscience, Osho, 2012

La méthode Kousmine, Fondation Dr Catherine Kousmine, 2011

Oser être soi, Eva Arkady, 2011

Victime, bourreau ou sauveur : comment sortir du piège ?,
Christel Petitcollin, 2011

S'ouvrir à l'amour et au bonheur, Don Miguel Ruiz, 2010

Les quatre accords toltèques, Don Miguel Ruiz, 2005

Catalogue gratuit sur simple demande

ÉDITIONS JOUVENCE

France : BP 90107 — 74161 Saint-Julien-en-Genevois Cedex

Suisse : CP 89 — 1226 Thônex (Genève)

Mail : info@editions-jouvence.com

Site internet : **www.editions-jouvence.com**

Titre original : *Lass die Sorgen – sei im Einklang. Einfach leben* edited
by Anton Lichtenauer © 2008 4th edition Verlag Herder GmbH,
Freiburg im Bresgau.

Édition française : © Éditions Jouvence, 2013

ISBN 978-2-88911-478-8

Traduit de l'allemand par Raymond Rakower,
e-mail : rrakower@orange.fr

Maquette et mise en pages intérieure : Anaïs Blandin

Couverture : Éditions Jouvence

Table des matières

Être en harmonie 63

Simplement vivre....................................105

Annexe :

Clés pour ce livre

Anselm Grün cite Dickens au thème 86 :

....

« Même une lourde porte ne nécessite qu'une petite clé. »

....

Au thème suivant, il cite Gandhi :

....

« Vis simplement afin que tous, nous puissions simplement vivre. »

....

Ces mots sont comme des clés qui ouvrent
une porte dans notre âme.

Note du traducteur

❧ Célèbre dans son pays, érudit hors pair, le père Grün est un moine bénédictin de l'abbaye de Münsterschwarzach, dont il est le directeur financier et le chef du personnel. Il a servi de conseiller spirituel à nombre de gens, et il a rédigé de nombreux livres orientés vers la spiritualité et l'harmonie.

❧ Dans ce petit ouvrage, il offre au lecteur le fruit d'une vie consacrée à recueillir les méthodes des sages pour atteindre la paix intérieure. Il évoque ici les démons intérieurs qui tourmentent tant de gens, mais qui les tourmentent bien inutilement. Il explique les méthodes simples à appliquer dans la vie quotidienne pour arriver au bonheur : apprendre à contrôler ses émotions, éliminer celles qui sont nocives et mettre en pratique celles qu'il a lui-même expérimentées avec succès.

❧ Le lecteur trouvera en annexe en fin d'ouvrage les références des auteurs cités dans le texte, complétées de avec quelques détails biographiques sur ceux-ci. Le père Grün nous fait en effet partager les pensées de personnages passionnants de tous bords et de toutes tendances, qui ont contribué à la richesse de notre culture. C'est là un des attraits de ce livre.

❧ L'auteur utilise à différents endroits l'expression « *Einfach leben* », qui se traduit littéralement par « Vivre simplement ». Mais dans le contexte, cette expression allemande est utilisée à différents endroits dans l'un de ses deux sens : « Vivre en toute simplicité » ou « Être tout simplement en vie ». L'auteur en discute au troisième chapitre, « Simplement vivre », au paragraphe 71, « Clair, net et vrai », et plus loin, au paragraphe 87, « Vivre en solidarité ». Vous pourrez à votre gré intervertir ces deux formes ; vous constaterez que cela donne aussi du sens au texte. À vous de jouer, le texte devient ainsi interactif !

🌿 Les citations bibliques sont tirées de la Traduction œcuménique de la Bible (TOB).

Préface

⚜ Que nous faut-il pour atteindre le bonheur ? Pas grand-chose, disait le théologien et penseur Abraham Joshua Heschel[1]. En fait, rien d'autre que ce qui était déjà présent depuis longtemps :

« Dieu, une âme et un instant. Ces trois choses sont là en permanence. Être tout simplement là, c'est déjà une bénédiction ; vivre, c'est sacré. » disait-il.

⚜ Le rabbi Heschel n'était pas seulement un érudit. Il était aussi un enseignant des choses de la vie. Il empruntait un langage clair, parfois même poétique. Il était convaincu que seules ces trois choses sont déterminantes pour que nos vies prennent tout leur sens. Il n'en faut pas plus, nous enseignait-il.

⚜ Dans ce livre, j'aimerais également me limiter à ne parler que de trois choses. Il me semble qu'elles suffisent pour que nos existences prennent tout leur sens. Ces trois choses sont : se libérer de ses soucis, arriver à être en harmonie avec soi-même et, enfin, simplement vivre.

⚜ Ces attitudes vis-à-vis de la vie forment un tout et se renforcent mutuellement. En effet, pour se sentir en harmonie avec soi, il faut apprendre à se libérer de ses soucis. Car la caractéristique des soucis est de tourmenter les gens qui y sont soumis et les empêcher d'être vraiment eux-mêmes. C'est pourquoi il faut apprendre à s'en débarrasser.

✿ L'harmonie et l'unicité puisent leurs effets bénéfiques à la même source. L'harmonie en musique est composée d'un ensemble de sons qui produisent un timbre unique. Et c'est ce dernier qui aboutit à la simplicité. C'est ainsi que les anciens pères fondateurs de l'Église avaient compris le concept de la simplicité. Dans leur esprit, cette simplicité s'était unie au son original, avec Dieu, qui est à l'origine de toutes choses.

✿ Celui qui adopte cette simplicité vit modestement, en homme simple et en harmonie avec lui-même. Il acquiert la clarté et l'unicité.

✿ Abraham Heschel disait, à propos d'être tout simplement là, que c'est une bénédiction. Qu'entendait-il par là ? Celui qui est simplement là, dépourvu d'objectifs dissimulés, est une bénédiction pour ceux qui l'entourent, ceux qui l'accompagnent dans la vie. Il n'a pas à faire grand-chose pour autrui, même lors de circonstances pénibles, il lui suffit d'être présent auprès de celui ou celle qui en a besoin, et auprès du malade qui réclame une compagnie.

✿ Il se tenait auprès de celui qui avait besoin d'un soutien moral, sans prononcer de mots pieux, sans émettre de phrases de circonstance pour mieux lui faire supporter sa maladie. Il était simplement aux côtés du souffrant, du désespéré qui ne supportait même pas de mots de consolation. Celui qui a perdu l'espoir n'attend d'autrui que sa présence muette, sans explications, sans expression d'encouragement qu'il devrait faire semblant de croire.

Celui qui est simplement là, sans aucune intention, celui-là est aussi une bénédiction pour la Création. Il est en harmonie avec elle et ne l'exploite jamais pour lui-même. Il *est* tout simplement. Faisant partie de la Création, il s'épanouit en tant qu'être unique et irremplaçable.

Abraham Heschel ajoutait une qualité particulière à la vie : la sainteté. « Vivre, tout simplement, c'est sacré. » Lorsque nous approfondissons ces paroles, nous arrivons à les comprendre. Le mot « sacré » évoque la *sainteté*, entière et complète. Celui qui vit simplement n'est pas déchiré. Le mot « sacré » vient de « sacre » qui contient les notions suivantes : qui se rapporte au divin, qui est digne de respect, qui est solennel mais sans être nécessairement religieux. Il provient du mot latin *sancire*, « délimiter, retirer du monde ». Le sacré est ce qui ne fait pas partie du monde matériel, et ce sur quoi le monde matériel ne peut exercer aucune action.

Celui qui simplement vit constitue une entité se suffisant à elle-même : il ne dépend pas du monde extérieur, mais il s'appartient et appartient à Dieu. Le mot grec *hagios* signifie quelque chose de semblable. Ce mot évoque en français la notion d'enclos, de protection et de confort. Dans l'enceinte de l'enclos, je me sens confortablement installé, à l'aise, protégé. La phrase « Tout simplement vivre, c'est sacré » signifie pour moi que je vis l'instant présent, je vis en totalité en Dieu. Cela me rend sacré, cela me libère du pouvoir du monde, de l'emprise de la passion, de l'emportement et de certains de mes instincts, ainsi que de l'envie parfois incontrôlable et immodérée d'atteindre la renommée et le succès. Cette vie simple se passe dans l'enclos et sous la protection de Dieu. C'est là que je trouve le confort. C'est là que je me sens chez moi.

✹ Heinrich Spaemann[2] a attiré notre attention sur le fait que dans la Bible, le mot « sacré », tiré du verbe « consacrer », apparaît pour la première fois en relation avec les sept jours de la Création :

> « Dieu bénit le septième jour et le consacra car Il avait alors arrêté toute l'œuvre que Lui-même avait créée par Son action. » (Gn 2,3)

✹ La sainteté du septième jour est en relation profonde avec le repos de Dieu, qui s'était reposé de ses travaux. Pendant ce repos, je n'ai à accomplir aucune tâche, je peux jouir d'être là, d'exister. C'est cela qui est saint, sacré : le fait de vivre. Nous faisons alors partie du repos du sabbat du Seigneur. Nous sommes libérés de tous soucis. Nous sommes en harmonie avec nous-mêmes, avec Dieu et avec l'instant présent. C'est à la libération de nos soucis que nous conduit le repos sabbatique de Dieu, en une vie en accord avec nous, en « étant tout simplement là ». Dans le fond de notre cœur nous recherchons précisément cette satisfaction, ce soulagement intérieur du repos. Le bonheur n'est-il que le repos du cœur ?

OUBLIER SES SOUCIS

Oubliez vos soucis
vivez, tout simplement !

🌿 Le langage est le résumé de l'expérience. Quand nous entendons le mot « souci », nous entendons tous les concepts qu'il englobe. En grec, « souci » se dit *merimna* qui signifie « se soucier de quelque chose, craindre un événement, avoir peur qu'il arrive ». Le souci a donc une relation avec le futur, avec la peur qu'il apporte ce que nous redoutons. Le terme contient également la notion de « préoccupation », qui est reliée à l'idée de maladie. Quand une mère dit qu'elle se fait du souci pour son enfant, c'est parce qu'elle est très préoccupée, au point parfois d'en tomber malade.

Comment pouvons-nous nous protéger des soucis qui rendent malade ? Dans notre société chrétienne basée sur la notion de sécurité, il existe une phrase qui concrétise cette situation :

« Voilà pourquoi je vous dis : Ne vous inquiétez pas pour votre vie de ce que vous mangerez, ni pour votre corps de quoi vous le vêtirez. La vie n'est-elle pas plus que la nourriture, et le corps plus que le vêtement ? » (Mt 6,25)

🌿 Jésus a prononcé cette phrase lors de son sermon sur la montagne. Il nous guide vers les oiseaux du ciel et les lys des champs, dont Dieu lui-même se soucie[*].

🍃 Pour une société d'assurances, que veut dire l'expression « couverture d'une assurance tous risques » ? Cette notion ne contient-elle pas une part de responsabilité ? Les parents doivent se préoccuper des besoins de leur famille, afin que leurs enfants puissent poursuivre leurs études et suivre des formations professionnelles. Plus tard, chacun doit prévoir une pension pour sa retraite. La phrase de Jésus est-elle donc irréaliste ?

🍃 Jésus ne veut certainement pas que pendant la journée, nous nous reposions sans prendre de responsabilité concernant nos vies. Cependant, il nous invite à voir une autre perspective, lorsqu'il nous invite à vivre avec la gratitude et l'assurance que Dieu se préoccupe de nous et pourvoira à nos besoins. Le motif qu'il nous en donne est :

> « Et qui d'entre nous peut, par son inquiétude, prolonger tant soit peu son existence ? » (Mt 6,27)

🍃 Vivez votre vie en harmonie avec Dieu et avec vous-même. Votre vie aura alors de la valeur, et prendra tout son sens.

....

* NdT : Sur ce thème, les éditions Jouvence ont fait paraître le livre *Ne te soucie pas de demain, à chaque jour suffit sa peine* de Katharina Ceming.

Où est le problème ?

🍃 **L'angoisse intérieure** n'est pas seulement le symptôme **des soucis** que nous nous faisons, elle en **est la cause la plus profonde.** La philosophie stoïcienne tendait à aider les hommes à atteindre la paix intérieure. Elle voulait aussi les libérer des soucis inutiles. Épictète[3] (dont le nom en grec signifie « homme accompli et serviteur ») était un philosophe de l'école stoïcienne qui était volontiers cité par les anciens moines. Il disait :

« Ce qui nous inquiète, ce n'est pas ce que les autres gens pensent, mais nos propres jugements. »

🍃 Par exemple, nous nous faisons du souci pour savoir s'il va pleuvoir demain lors de notre excursion. Nous pouvons aussi penser de façon positive en nous disant que même s'il pleut, une excursion peut fort bien être un succès. Voici un autre exemple : nous nous inquiétons beaucoup pour savoir si la décision que nous venons de prendre aura des conséquences positives ou négatives. Or, ce qui est réellement important, ce ne sont pas les conséquences de notre décision, mais notre intention en prenant cette décision. Si nous nous définissons comme des êtres idéaux, et par conséquent si **nos décisions doivent toujours aboutir à de bons résultats,** cela nous rendra **constamment soucieux.** Par contre, si nous **prenons nos décisions en âme et conscience, et que nous laissons le reste à la volonté de Dieu, le souci disparaît.**

3

Par le trou de la serrure

🍃 En général, cela ne sert à rien de refouler les soucis et de repousser les problèmes à plus tard. On peut toujours essayer de leur fermer la porte, en vain. Goethe[4] l'a d'ailleurs vu avec son exceptionnelle lucidité :

« Le souci se faufile à travers le trou de la serrure. »

🍃 Ce n'est guère facile de se protéger des soucis. Je peux toujours essayer de supprimer le souci que je me fais au sujet du voyage d'un proche, en me raisonnant. Je peux essayer de laisser les soucis s'envoler avec les oiseaux, mais ils ne se laissent pas aussi aisément effacer.

Si je m'imagine que j'ai bien verrouillé la porte sur un souci, eh bien ! le revoilà qui réapparaît par le trou de la serrure. Le soir, au coucher, je remets mon souci entre les mains de Dieu. Mais le matin suivant, au réveil, le revoilà. Il s'est peut-être glissé subrepticement en moi au travers de mes rêves. Il se produit de telles incursions, de tels trous de serrures par lesquels notre âme est accessible et reste ouverte. Il ne m'est pas possible d'éliminer une fois pour toutes un certain souci, je dois le prier d'en débarrasser le plancher. Mais, dans mon for intérieur, je sais que je n'arriverai jamais à l'éliminer totalement. Peut-être cela aiderait-il d'envisager le problème sous une autre facette ?

🍃 Goethe, dans un de ses vers, montre une autre perspective concernant le souci :

« Oh ! souci, puisque tu ne veux pas me rendre heureux, au moins rends-moi plus intelligent. »

🍃 C'est en cela que consiste l'approche constructive : le souci m'empêche de jouir de mon bonheur. Du fait que je n'arrive jamais à l'exclure totalement de mon âme, au moins qu'il y apporte un effet positif. Il devrait m'offrir l'intelligence en compensation. Le souci pourrait au moins m'enseigner de bien faire attention à ce que mon bonheur de vivre n'en soit pas perturbé. Si le souci me conduit à la sagesse, il aura rempli sa mission, sa raison d'être. Il me rappellera sans cesse que je dois bâtir ma vie sur de solides fondations, et non pas sur le sable des illusions.

🍃 D'ailleurs, pour Jésus, c'est là le sens de l'intelligence : l'homme intelligent construit sa maison sur la roche, et non sur le sable. Pour Goethe, le souci était manifestement le professeur de l'intelligence. Nous pourrons nous rappeler de cela la prochaine fois qu'un souci se présentera devant notre porte (ou sera déjà entré au salon).

4

L'ouvre-porte

🍃 **La peur est la sœur du souci.** Nous nous faisons beaucoup de souci lorsque nous craignons que quelque chose puisse se produire qui dépasse nos capacités à contrôler la situation.

Un proverbe chinois dit que la peur frappe parfois à la porte de notre âme :

> *« La peur frappe à la porte. La confiance lui ouvre. Et il n'y a personne dehors ! »*

🍃 La plupart des gens chargeront leur peur d'ouvrir leur porte. La peur qui frappe à notre porte déplace et remplace trop souvent notre confiance en nous-mêmes. Cette dernière hésite à aller lui ouvrir. Ce proverbe nous invite à charger notre confiance d'aller ouvrir la porte et ce, malgré toute la peur qui loge en nous. Personne n'éprouve uniquement la peur, ni uniquement la confiance, nous éprouvons ces deux sentiments simultanément. C'est à nous de décider qui nous chargerons d'aller ouvrir notre porte. Quand nous en chargerons la confiance, nous pourrons faire l'expérience libératrice qu'il n'y a personne dehors : c'était seulement la peur cachée dans notre âme qui semblait avoir frappé à notre porte, mais pas une personne réelle.

5

Une vie gâchée

« Il y a trois sortes de gens : ceux qui se soucient de la mort, ceux qui se crèvent au boulot et ceux qui se languissent de mourir. »

L'ironie de cette citation de Winston Churchill[5] réside dans le fait que chacun de nous sait bien qu'il ou elle devra fatalement mourir un jour, quels que soient ses efforts, ses actions et son comportement pour rester en vie. La seule question est de savoir comment nous réaliserons notre vie d'ici là. Nous pouvons la traverser avec des soucis, du travail ou de l'ennui. Winston Churchill n'était ni un rêveur ni un homme rongé par l'ennui. Un jour, il fit cette remarque :

« Je suis trop occupé pour avoir le temps de me faire des soucis. »

Ce qu'il avait dit là est très juste. Car les soucis, comme le travail et l'ennui, peuvent nous conduire à la mort : ils peuvent nous gâcher la vie. Nous pouvons nous laisser submerger par le travail et les tracas au point de provoquer prématurément notre mort. Autant les soucis exagérés, le surmenage ou la vacuité de l'ennui ne sont pas dignes d'intérêt. Par contre, une vie, des soucis et un travail raisonnables et qui correspondent à nos capacités le sont.

6

La santé, une obsession

🍂 Nombreux sont les gens qui se préoccupent constamment de leur santé. Ils craignent de développer cancer ou d'avoir une crise cardiaque. Ils se concentrent sur leur santé, et passent de ce fait à côté de leur vie. Il est certes bon de se préoccuper de sa santé, mais lorsque celle-ci devient un substitut de religion, l'inquiétude s'en trouve démesurément augmentée, jusqu'à nous nuire voire nous rendre malade.

🍂 Abandonner ses soucis est le meilleur élixir de vie. Notre santé s'en portera mieux si nous ne nous mettons pas constamment à craindre le pire.

🍂 Anthony de Mello[6] disait :

« La plupart des gens éprouvent une telle peur de mourir qu'ils ne font plus qu'essayer de l'éviter, et qu'ils ne vivent en fait jamais pleinement. »

🍂 La crainte de la mort peut nous gâcher notre vie. Un médecin célèbre disait un jour avec humour :

« Finalement, nous ne mourons pas nécessairement à cause d'une maladie, mais simplement du fait de vivre. »

7

L'offrande erronée

🍃 Notre santé court un grand danger : l'ambition nous mène à un point tel que nous ne prêtons plus attention à notre corps ni à notre âme. Cela ne concerne pas seulement les sportifs professionnels, qui ruinent parfois leurs corps avec des produits de dopage pour être les meilleurs. Quand notre corps nous fait souffrir, nous aussi cherchons bien souvent à le ramener au top grâce à des médicaments.

🍃 Nous offrons parfois notre corps en offrande, en sacrifice à notre ambition. Le philosophe allemand Arthur Schopenhauer[7] nous a alertés il y a plus de cent cinquante ans :

« Le plus grand des péchés consiste à sacrifier sa santé pour quelque objectif que ce soi : le profit, la promotion professionnelle, l'érudition, la réputation. »

🍃 Ce sont encore les mêmes objectifs qui poussent les gens à mettre leur santé en jeu. Ils ne prennent pas en considération le fait qu'ils se mettent en danger par le fait de viser plus haut dans leur carrière que leurs possibilités.

🍃 Or, c'est précisément dans des situations de surmenage qu'il leur est nécessaire de suivre « la voie de la mesure » que saint Benoît[8] exigeait de ses moines, c'est-à-dire tout organiser dans la modération, éviter les extrêmes de l'excitation et de l'anxiété, la suspicion et la jalousie. Seul celui qui connaît ses limites, ses mesures et ses capacités (ainsi que celles des autres) répartit correctement ses efforts. Ce n'est que lorsque nous ne dépassons pas nos limites que nous pouvons atteindre notre équilibre et notre harmonie intérieurs.

8

Le piège

Nous nous faisons des soucis à propos de nous-mêmes. À propos de notre santé, de la façon dont les autres nous perçoivent, à propos de notre avenir en redoutant des périodes difficiles. Nous nous inquiétons également pour nos proches, pour notre entourage. C'est normal que des parents aient peur pour leurs enfants, lorsque ceux-ci ne suivent pas le chemin qu'ils avaient imaginé être le leur. Mais il y a aussi des gens qui se font du souci pour toutes leurs relations. Cela ressemble parfois à l'amour de son prochain. Toutefois, cela peut être un piège !

Thérèse d'Ávila[9] connaissait ce piège. C'est d'elle que vient la prière peu commune suivante :

« Dieu, libère-moi de l'obsession de vouloir mettre de l'ordre dans les affaires d'autrui. »

Thérèse avait apparemment tendance à vouloir régler la vie des autres. Jésus lui conseillait de s'occuper d'elle-même. Elle devait faire confiance à Dieu pour s'occuper des autres, et n'était pas chargée de tout régenter elle-même. Tout d'abord, elle ne savait pas si les autres auraient accepté qu'elle les court-circuite pour assumer leurs responsabilités. À chacun de s'occuper de ses affaires. Bien sûr, nous pouvons accompagner et aider notre prochain. Mais concernant leur vie, il leur appartient de la régler eux-mêmes.

9

Ne jetez pas votre esprit
à la poubelle !

🍃 Nous nous faisons parfois du souci pour toutes sortes de choses. Et il peut arriver que le souci se mue en préoccupation ou en rancune, ce qui deviendrait alors un fardeau pour nous. Mark Twain[10], l'humoriste, avait fait sa propre expérience en ce domaine. Il disait :

« Je suis un vieil homme et j'ai vu bien des afflictions, des douleurs, mais en général rien de concret ne se passait. »

🍃 Mark Twain avait connu bien des gens qui se cassaient la tête en pensant à tout ce qui pouvait leur arriver. Pourtant, bien souvent, ce qui avait tant tracassé ces gens n'avait correspondu à rien de concret.

Le mot « préoccupation » provient étymologiquement d'un mot allemand signifiant « débris, déchets ». La préoccupation écrase nos âmes de débris sans aucune valeur réelle. Mais bien souvent, à la préoccupation de l'âme ne correspond aucun déchet dans le monde réel. Nous nous préoccupons beaucoup de tous les obstacles qui pourraient se trouver sur notre chemin. Le rire libère, même et surtout lorsqu'on est obnubilé par l'angoisse. Il faut se dire que peut-être ces obstacles ne sont que des spectres. L'expérience de Mark Twain pourrait nous dessiller les yeux dans ce domaine. Peut-être chargeons-nous inutilement nos esprits de douleurs, d'angoisses, de soucis. Laissons-les donc là où ils doivent se trouver : à la poubelle !

10

Les soucis savent nager

🍃 Le poète Otto Julius Bierbaum[11] avait constaté :

....

« Les soucis, ce sont des gaillards futés, roublards, qui s'ac-crochent fermement. Ils sont particulièrement collants. »

....

🍃 Il nous a donné plusieurs recettes pour les sup-porter. De nombreuses gens ne peuvent pas résister à leurs problèmes et ne parviennent plus à s'en accom-moder. Comme ils ne les maîtrisent pas, ils cherchent à les masquer ou à les noyer dans l'alcool.

🍃 L'acteur de cinéma, réalisateur et producteur, Heinz Rühmann[12], disait de se méfier de cette méthode :

....

« Elle est inefficace, on ne peut pas noyer les soucis dans l'alcool, car les soucis savent nager ! »

....

🍃 Les gens en proie aux soucis doivent trouver d'autres méthodes, car ceux qui cherchent à les noyer ainsi en attrapent d'autres : ils se retrouvent torturés d'angoisse, dépendants de l'alcool, puis perdent leur travail ou sombrent totalement. Cette angoisse les plonge de plus belle dans l'alcool, ce qui amorce le cercle vicieux, qui ne fait que les replonger encore plus profondément dans les soucis et les angoisses.

🍃 Une méthode efficace consiste à regarder coura-geusement le souci en face et à faire intervenir Dieu. C'est ainsi que nous parvenons à cohabiter avec le souci, sans que ce dernier ne nous mène par le bout du nez. Un autre moyen consiste à le traiter de manière active. Bierbaum recommandait de façon laconique :

....

« Tournez-lui donc prestement le dos ; quand il vous voit continuer à travailler comme si de rien n'était, il ne lui reste comme solution que de s'en aller ! »

....

Le grand lancer

🍃 Aucune vie ne s'écoule comme nous l'avions souhaité, ni même comme nous l'avions planifiée. Nous faisons toujours la même expérience, nous n'avons jamais toutes les cartes en main, malgré nos désirs. Il y a dans la vie des étapes où, malgré tous nos efforts, les objectifs que nous nous étions fixés ne sont toujours pas en vue. C'en a toujours été ainsi, nous ne pouvons rien y faire.

🍃 La Bible, elle aussi, en parle, et on y trouve même un conseil pour y faire face :

....

« Rejette ton fardeau, mets-le sur le Seigneur, il te réconfortera. » (Ps 55,23)

....

🍃 Le psalmiste suppose que nous sommes écrasés par nos fardeaux. C'est pourquoi il nous recommande de ne pas nous y enfermer. Nous devons les rejeter sur le Seigneur. Que voilà une belle image ! Nous ne devons pas simplement nous débarrasser de nos fardeaux, mais nous devons les relancer vers Dieu.

🍃 D'après la Bible, nous sommes censés littéralement le viser en lui relançant nos fardeaux. Dans le verbe relancer, il y a à la fois la notion d'agression et celle de libération : quand je jette une pierre au loin de toutes mes forces, je m'en trouve libéré. C'est ainsi, dit le psalmiste, que je dois examiner mes fardeaux, puis les lancer à Dieu. Le bénéfice que j'en tire est qu'après ce lancer, je peux me redresser. Dieu lui-même m'aide à me redresser. Il me donne la force de me tenir plus droit. Celui qui est rongé de soucis, qui plie sous les fardeaux, ne peut pas rester redressé, il est constamment inquiet. Et quand il veut se redresser, il bascule. Le fait de se libérer de son fardeau, de ses soucis constitue pour lui une libération, et lui permet de se redresser, de se fixer des objectifs et de continuer sa route.

À quoi bon vous lamenter ?

🍃 Georg Neumark[13] avait créé un poème, puis un lied devenu célèbre en 1657. Aujourd'hui encore, ce lied est volontiers chanté :

« Celui qui laisse Dieu régner sur sa vie » (catalogue des œuvres de Bach, BWV 93)

🍃 qui est devenu une cantate religieuse de Jean-Sébastien Bach, composée à Leipzig en 1724. La deuxième strophe de ce lied débute par les mots suivants :

« À quoi nous servent les lourds soucis, à quoi nous servent les lamentations, à quoi nous sert de geindre tous les matins contre l'adversité ? »

🍃 En guise de remède contre les soucis et les préoccupations, le poète nous donne le conseil suivant :

« Chante, prie, marche sur le chemin du Seigneur, et réalise ce qui est véritablement en toi. »

🍃 Au lieu de nous laisser torturer par nos soucis, il nous suffit de faire ce qui est attendu de nous : à chaque jour suffit sa peine. Il suffit que nous disions tous les jours nos prières et que nous chantions la gloire de Dieu. Les soucis, alors, ne nous domineront pas. Le lied ci-dessus est devenu très populaire grâce à ce conseil de Georg Neumark. Car dans ces paroles,

de nombreuses gens ont reconnu les expériences dou-
loureuses qu'ils subissaient. Nous pourrions introduire
ici une règle bien plus ancienne encore, que reprend un
dicton bénédictin :

....

« Prie et travaille. »

....

Cette phrase, elle aussi, est un moyen de guérison
contre les plus graves préoccupations. Activité continue et efficace, et confiance en soi sont, lorsqu'elles
sont combinées, une très bonne méthode pour vivre
une vie meilleure et dépourvue de soucis.

13

Quand tombe l'obscurité
et la froidure

🍃 Ingeborg Bachmann[14] pose la question suivante, dans son poème *Reklame* (1956) :

« Où donc allons-nous sans soucis ?
Sois sans soucis.
Quand tombe l'obscurité et la froidure sois sans soucis,
Mais que pourrions-nous faire avec la musique ! »

🍃 Dans ces vers, elle cite à plusieurs reprises les paroles de Jésus « Sois sans soucis. » Toutefois, elle dissimule le nom de Jésus dans l'obscurité et la froidure de nos vies. Le nom de Jésus résonne-t-il quand en nous tout est obscur et quand le froid nous saisit le cœur ? Ingeborg Bachmann attire notre attention sur la musique. Cette dernière est pour elle le lieu où, quand nous nous trouvons au milieu de l'obscurité et de la froidure de notre vie, nous devinons quelque chose de l'insouciance dont parla Jésus. Mozart a mis cette insouciance en évidence dans sa musique. Mais il ne nous a pas fait miroiter un monde parfait. Il a laissé résonner l'insouciance au milieu des angoisses de l'abîme de l'âme humaine. Cette absence de souci est le lieu où, quand nous quitterons le fond de la froidure et de l'obscurité, nous serons immergés dans la chaleur et la lumière en allant vers la sécurité de notre patrie et de notre identité.

14

Les choses importantes
de la vie

🍃 Dans notre vocabulaire, le mot « souci » évoque le tracas et comporte aussi une facette de colère. Pourtant, lorsque nous y prêtons bien attention, il a également une connotation positive : quand nous nous soucions d'une personne, nous lui témoignons notre affection. Quand on se soucie de nous, cela veut dire parfois que nous sommes « pris en charge ». Le mot « soucieusement » peut être considéré comme synonyme de « soigneusement » dans les phrases suivantes : « Nous accomplissons soigneusement une tâche quotidienne. » « Nous vérifions soigneusement l'état des choses, afin de trouver la solution idoine. »

🍃 Plus nous apprécions ou nous aimons un objet, plus nous le considérons de façon différente. Chacun sera probablement d'accord avec l'expression « Notre société s'effondrera si nous ne nous soucions pas de son avenir. » Se soucier est ici synonyme de se préoccuper.

🍃 Regina Ammicht Quinn[15] nomme « chance » les choses importantes de la vie, en s'opposant ainsi à ceux qui interprètent ce mot différemment. Elle disait :

> *« Pouvoir se soucier de quelqu'un est aussi une question de chance. »*

🍃 Pour elle, le souci peut devenir une voie déterminante pour atteindre la chance : « se soucier de » quelqu'un est bien différent de « se faire du souci » à propos de quelqu'un ! Se soucier de quelqu'un peut donner un sens à la vie. C'est ce qui se passe lorsqu'on vit pour celui, celle ou ce qui nous tient à cœur. Dans ce cas, il ne s'agit pas du souci qui s'apparente à la peur, mais du souci qui découle de l'amour. Quand j'aime quelqu'un, je m'en soucie. Je lui fournis ce dont il ou elle a besoin pour vivre et suis simultanément comblé par ce que je fais. Une mère se soucie volontiers de ses enfants. Et ses enfants ressentent alors son amour. N'est-ce pas merveilleux, n'est-ce pas du bonheur que de savoir que nous dépendons de nos relations avec autrui, avec des gens qui nous soutiennent ainsi et à qui nous pouvons prêter main-forte le cas échéant ?

Les soucis et se faire du souci

🍃 Il arrive fréquemment que nous nous fassions du souci : sur notre arrivée à un rendez-vous ou sur la qualité de notre travail.

🍃 Luc l'évangéliste nous raconte à ce propos un épisode classique : l'histoire des sœurs Marthe et Marie. Chacun de nous possède en soi ces deux aspects : Marthe, qui se demande si elle sera une hôtesse à la hauteur, et Marie, qui est simplement à la disposition de ses hôtes et qui écoute ce qu'ils ont à dire. C'est souvent Marthe qui, en nous, symbolise l'aspect dominant. Elle se préoccupe de ce qu'elle fait et ce qu'elle organise. Nous manquons parfois de confiance pour nous identifier à la Marie qui est en nous, pour pouvoir laisser là tous les soucis, toutes les préparations, et nous asseoir simplement avec nos hôtes et les écouter. Jésus s'interposa aux doutes et aux remords de Marthe en disant qu'elle ne faisait que gaspiller son temps : il donne raison à la Marie qui est en nous. À Marthe, il dit :

> *« Marthe, Marthe, tu t'inquiètes et t'agites pour bien des choses. » (Lc 10,41)*

🍃 Son conseil est que Marthe soit à la disposition de ses hôtes sans se préoccuper de le faire suffisamment bien. Une Marie en nous est nécessaire, qui se limite à écouter ce que l'hôte a à dire. Ainsi, nous détectons ce dont l'hôte a vraiment besoin.

16

Les vrais soucis

De nombreuses personnes se plaignent de la chute des valeurs morales. Les gens ne pensent en général qu'à leur propre bien-être, les besoins et les soucis des autres ne les touchent pas. Ils critiquent cette attitude. D'autres parlent en le dénigrant de « l'État pourvoyeur ». Ils voient le danger qu'on finisse par ne plus compter que sur l'État pour satisfaire ses besoins, et qu'on ne se soucie plus soi-même de son propre avenir.

Ces deux groupes de critiques ont chacun partiellement raison. Les gens sont aujourd'hui nettement plus centrés sur eux-mêmes. Ils doivent en effet se préoccuper de leurs besoins, et en porter la responsabilité. Mais cela pourrait aboutir à ce que les besoins des autres passent inaperçus. Il n'est pas évident d'apprécier à leur juste valeur les besoins d'autrui. Nous nous devons d'éprouver un sentiment de solidarité envers notre prochain. L'assistance que l'on doit à ses propres enfants, à ses parents, et aussi à la collectivité n'est pas facile à déterminer.

Il existe aussi des gens qui comptent constamment sur les autres, et au demeurant sur l'État, pour résoudre leurs problèmes. Ils restent d'une certaine façon en permanence infantiles, et laissent « l'État nourricier » pourvoir à leurs besoins. Nous devons être reconnaissants aux parents qui nous soignent et nous nourrissent.

Mais quand nous devenons adultes, nous devons nous soucier nous-mêmes de couvrir nos besoins.

🍃 Le souci de s'occuper de soi-même est un critère de liberté intérieure. Je me soucie de moi dans la mesure où je prends le temps nécessaire pour faire les courses et entretenir mon logement. Je connais des gens qui, obsédés par leur travail, négligent de s'occuper d'eux-mêmes. Cette négligence se reflète par exemple dans le réfrigérateur qu'ils trouvent vide au milieu du week-end. Il est important de savoir ce qui est bon pour soi. Penser à soi est une expression de respect envers soi-même.

🍃 Néanmoins, il est aussi important de ne pas perdre de vue ce qui est bon pour autrui, et ce qui est nécessaire au bien-être général.

17

On prend soin de moi

....

« Je suis pauvre et humilié, le Seigneur pense à moi. »
(Ps 40,18)

....

🍃 Ce n'est certes pas une phrase pieuse creuse et abstraite ! Cela n'a aucun rapport avec notre mentalité de société assistée. Et cela n'ôte en rien la réalité de la situation. Mais le psalmiste est convaincu qu'il ne m'appartient pas de pourvoir à moi-même. C'est Dieu lui-même qui y pourvoira pour moi. Cette confiance en Dieu se retrouve aussi dans le Nouveau Testament. C'est en puisant dans cette confiance que Paul exhorte les Philippiens :

....

« Ne soyez inquiets de rien, mais, en toute occasion, par la prière et la supplication accompagnées d'action de grâce, faites connaître vos demandes à Dieu. » (Ph 4,6)

....

🍃 Paul écrivit ce texte en prison. Il ne savait pas s'il serait un jour libéré. Mais Paul connaissait la conviction du psalmiste : celui qui se fait du souci à propos de sa situation doit introduire ce souci dans sa prière à Dieu. Dès lors, son souci, sa préoccupation et sa misère s'en trouvent réduits. Il sait alors qu'il est soutenu par Dieu, même lorsqu'il peut craindre pour sa vie. Cette épître de Paul s'adresse encore à nous au travers des siècles : nous ne devons jamais envisager notre situation comme étant sans issue. Nous ne devons pas non plus en être obsédés ni nous y enfoncer : dans la mesure où nous la présentons à Dieu, nous pouvons cesser de nous en soucier.

Ne vous mettez pas en colère

🍃 Les soucis sont source de stress. Mais il y a souvent autre chose qui se cache derrière certains soucis, qui peut aussi parfois provoquer la colère. Questionné, Derek Roger, un enseignant du contrôle du stress, répondait :

> « Il suffit de réaliser qu'au fond, il n'y a rien qui justifie qu'on se mette en colère. »

🍃 Je connais des gens qui s'énervent pour un oui pour un non contre les autres. Je connais par exemple une femme qui s'énerve à propos du vêtement que porte sa collègue au bureau, ou de la nouvelle coiffure de cette autre collègue. Dans ces cas, l'énervement n'a aucune raison d'être. Quand je m'énerve, c'est dû à mon propre état d'esprit. Je ne suis pas dans ma peau, mais dans celles des autres. Quelqu'un m'a envoyé récemment une lettre pleine de reproches, parce que je ne me sentais pas outragé par une phrase qu'un psychologue avait écrite à mon sujet ! Celui qui m'avait envoyé cette lettre était persuadé que j'aurais dû m'emporter, ce qui n'est pas dans ma nature. Les sages du monde entier mettent en garde contre cette barbarie consistant à s'énerver constamment, en recommandant de s'occuper de soi et de laisser les autres s'assumer eux-mêmes.

19

Le cimetière des erreurs

🍃 Nous ruminons souvent les erreurs d'autrui. Nous nous énervons quand un ami oublie notre anniversaire, ou quand on ne nous écoute pas lors d'une conversation. Nous pouvons parler à longueur de journée de nos vexations, en nous replongeant rétrospectivement dans la colère à propos de l'ami insensible ou de l'amie infidèle.

🍃 Il y a une notion importante pour se débarrasser de ce sentiment : le pardon. Au lieu de garder rancune envers autrui pour ses erreurs ou ses oublis, nous les lui pardonnons, nous les laissons s'envoler, nous lui en faisons cadeau. Henry Ward Beecher[16], un prêtre américain, qui s'était fort investi pour l'abolition de la peine de mort, exprime l'effet curatif du pardon au moyen d'une belle image :

....

« Chaque être humain devrait posséder un cimetière dans lequel il enterrerait les erreurs de ses amis. »

....

🍃 Nous devrions laisser en terre ce qui est enterré, et non remuer sans cesse cette tombe.

Il nous arrive de rêver d'une tombe. C'est toujours un rappel de prendre congé des vieilleries de ce genre, de les laisser partir.

20

L'invitation

🍃 Quand nous nous mettons en colère contre quelqu'un, nous pensons sincèrement qu'il a tort. Le rabbi Charles Klein retourne la situation de la façon suivante :

« Chaque personne qui vous met en colère vous domine. »

🍃 Il est évidemment difficile de ne jamais se mettre en colère. Mais si nous nous laissons dominer par la colère, nous nous laissons dominer par la personne qui l'a suscitée. Dans ce cas, elle nous manipule.

Refouler sa colère a peu de sens. Certaines gens veulent se défaire de leur colère sur-le-champ. Mais ce dont ils veulent se défaire va les poursuivre. À nouveau, nous retrouvons la notion de lâcher prise, de se défaire définitivement de quelque chose. Mais on ne peut lâcher prise que de quelque chose qu'on a accepté. Ce n'est que lorsque je prends la colère en compte, que j'y prête attention que je peux m'en éloigner. Je n'insulte pas ma colère, je l'examine et je lui parle (je me parle en fait à la troisième personne) : « Ah ! Te revoilà, je te reconnais. Tu t'énerves contre l'autre ; laisse-le donc en paix, il peut fort bien être tel qu'il est ; vis maintenant l'instant présent, entièrement pour toi, non pour lui. » C'est ainsi que la colère se transforme en une invitation à ressentir que je suis en harmonie avec moi-même.

21

Comme chante l'oiseau

🍃 Bien des jeunes souffrent aujourd'hui d'un manque de perspectives. Cela influe sur l'état d'esprit, sur l'âme. Chez les jeunes, il y a de plus en plus de cas de dépression. Jean Bosco[17] était un psychologue charismatique, qui s'occupait surtout des jeunes à problèmes à Turin, au XIXe siècle : il avait voué sa vie à l'éducation des jeunes issus des milieux défavorisés. Il est certain que de son temps, les problèmes des jeunes étaient différents de ceux d'aujourd'hui. Néanmoins, il peut être pris en exemple sur la façon de communiquer avec la jeunesse. Il attirait les jeunes grâce à sa conscience du milieu social, à son empathie vis-à-vis d'autrui et surtout à sa façon d'envisager la vie avec optimisme. Ce « guérisseur d'âmes » n'utilisait jamais de moyens coercitifs, de punitions, même envers les cas les plus difficiles.

Son approche était fondée sur l'amour et la confiance : il avait compris les paroles de Jésus à propos de l'absence de souci. Jésus montre en exemple la confiance des oiseaux, qui se bornent à siffler et font confiance à Dieu pour qu'il y ait de la nourriture à leur disposition. Ces paroles avaient inspiré Don Bosco, qui en avait tiré le conseil suivant :

....

« Fais donc comme l'oiseau qui n'arrête jamais de siffler, même quand la branche cède sous lui, car il sait qu'il a des ailes. »

....

🕊 Il est important d'êtres réalistes et d'avoir les pieds sur terre ; mais nous gagnerions parfois à avoir l'insouciance de l'oiseau. Même quand la branche sur laquelle il se tient casse sous lui, il continue de chanter. Notre âme a, elle aussi, des ailes. Elle peut nous guider pour résoudre nos problèmes quotidiens. Elle nous donne des ailes et nous aide à envisager les choses d'un autre point de vue. Cela relativise nos soucis et nos peurs. Quand sous nos pieds le plancher vacille, au milieu de notre angoisse, nous pouvons grâce à notre âme nous élever jusqu'aux cieux, où l'angoisse ne peut plus nous atteindre. L'expression suivante concernant l'insouciance et faisant référence au monde des oiseaux, est également signée Don Bosco :

« Être joyeux comme les moineaux siffleurs. »

22

Laissez donc faire

🍃 On trouve dans les œuvres de Goethe[4] un court poème qui transmet une expérience très proche de l'expression ci-dessus, mais sans tout à fait exclure un aspect plus profond :

....

« Laisse donc vivre le souci,
Il faut de tout pour faire un monde !
Et même si le ciel nous tombe dessus,
Il en émerge quand même l'alouette. »

....

🍃 Goethe a choisi l'image de l'insouciance des oiseaux comme exemple pour notre vie ; il l'a utilisée comme symbole de notre capacité à nous élever au-dessus des choses qui nous angoissent et nous menacent. Ce qui, pour Don Bosco, était la branche qui peut céder sous nous, est pour Goethe le ciel qui peut nous tomber sur la tête. L'oiseau n'a besoin ni de la branche qui pourrait casser sous lui, ni du ciel qui pourrait s'effondrer sur sa tête : il est libre, il vole là où il a de l'espace. Même quand l'édifice de notre vie s'effondre, cet édifice que nous avions si péniblement construit, notre âme n'est pas liée à lui. Elle peut, comme un oiseau, s'envoler de toutes nos contingences matérielles.

23

Ce n'est pas évident

🍂 Il m'arrive de rencontrer des gens qui s'accrochent à l'image qu'ils se font d'eux-mêmes. Ils se croient capables de renoncer à tout ce à quoi ils tiennent, mais leurs épaules tombantes montrent qu'il n'en est rien : en fait, ils sont leurs propres prisonniers. Cela prend souvent du temps avant qu'ils réussissent à se passer de ce à quoi ils s'accrochent, au sens propre et au sens figuré. Se laisser aller, se relâcher est un art, un acte libératoire. Car le fait de s'accrocher à des objets ou à des événements nous bloque.

🍂 Rabindranath Tagore[18] a formulé cette notion de la façon suivante :

« Je dois me détacher de ce à quoi je m'étais accroché. Tant que je considère un événement comme une perte, je suis malheureux. Mais dès que je réalise que la vie désintéressée et la mort sont des libertés qu'on acquiert, une paix profonde se répand dans mon esprit. »

🍂 Tagore savait que quand on s'accroche trop fort à quelque chose, on limite sa faculté de réagir. Quand on désire quelque chose trop ardemment, on en devient prisonnier, on a les mains liées. Au contraire, lâcher prise procure une liberté intérieure. Lâcher prise peut être très difficile, c'est un art qui n'échoit spontanément à personne. Un art, ça s'apprend et cet apprentissage n'est en aucune façon aisé, même pour les jeunes.

Cela peut sembler bizarre qu'il faille faire un effort pour acquérir l'insouciance. Notez que ce n'est pas un acte, mais un abandon. Mais c'est là la difficulté, c'est là tout l'art : exercer l'acte d'abandon. Je souhaite précisément cet art aux gens qui sont très affairés à acquérir, à posséder. Il consiste tout simplement à ne pas intervenir, à laisser faire. Ce qui demande de la ténacité, de l'obstination ne sera pas bien fait. Ce qui se passe naturellement laisse la personne concernée plus à l'aise. Celui qui réagit ainsi ne s'en mordra pas les doigts, mais laissera cet événement fondre sous la dent. Puis, il s'en réjouira !

24

Le programme préventif

🍃 Dans la notion du lâcher prise, il y a aussi la capacité à se libérer de sa propre folie des grandeurs. Nombre de gens sont extrêmement malheureux lorsqu'ils s'accrochent à leurs propres illusions. Ils s'évertuent à correspondre à l'image qu'ils se sont faite d'eux-mêmes d'être des gens importants, d'être les meilleurs, les plus spirituels, les plus intelligents...

Giuseppe Roncalli, celui qui devint le pape Jean XXIII[19], avait évidemment aussi connu cette tentation de s'accrocher à ce genre d'illusions. Mais il avait développé à son propre usage un programme préventif :

« Le fait de savoir que je suis incompétent me maintient dans la simplicité et m'épargne de devenir ridicule. »

🍃 À une autre occasion, il se dit :

« Giovanni, ne te prends pas autant au sérieux ! »

🍃 C'est dans ce genre de phrases que nous décelons une personnalité libérée, épanouie. Vu de l'extérieur, il se montrait d'une grande dignité. Mais pour ce pape, satisfaire à cet idéal de placidité et d'insouciance n'exigeait pas un grand effort : la conscience de son incompétence l'avait déjà spontanément amené à la réalisation de cette simplicité et de cette insouciance. Celui qui se connaît et qui a déjà abandonné ses illusions est d'office protégé contre le danger de se rendre ridicule quand ses illusions sont remises en question.

25

Dites carrément
ce que vous pensez

🍃 Celui qui se fait du souci est sous tension. Mais sentir un poids sur ses épaules ne constitue pas nécessairement un problème. Je connais beaucoup de gens qui se rendent à une entrevue sans être détendus ou joyeux. Ils se mettent délibérément toujours sous tension : ils imaginent qu'ils doivent automatiquement prendre leurs distances vis-à-vis de l'interlocuteur durant l'entretien, qu'ils doivent donner l'impression à cet interlocuteur qu'ils sont bien informés, et qu'ils ont toujours quelque chose de décisif à dire sur les sujets importants. Lors de chaque entretien, ils se sentent en quelque sorte devant un juge intérieur qui juge leur prestation. C'est à propos de telles situations que Jésus a dit :

« Lorsqu'on vous amènera devant les synagogues, les chefs et les autorités, ne vous inquiétez pas de savoir comment vous défendre et que dire. » (Lc 12,11)

🍃 Dites tout simplement ce que vous pensez, ce qui vous vient de l'intérieur. Vous n'avez pas à vous défendre, à vous justifier. Il vous suffit d'être ce que vous êtes réellement. Ayez confiance en vos sentiments. Si vous désirez ne rien dire, taisez-vous tout simplement. Et si des mots vous viennent aux lèvres, eh bien, dites-les ! Mais de grâce, libérez-vous de votre juge intérieur. Cela vous coûte trop d'énergie. Vivez simplement votre vraie vie.

26

Vous êtes entre
de bonnes mains

« Les soucis tuent les hommes les plus forts. »

Cette phrase se trouve dans le Talmud de Babylone, qui est le code civil, le traité juridique religieux juif, et qui contient des expressions traditionnelles de sagesse dans ses commentaires. Il existe un souci qui nous consume, nous dévore et nous vole toute notre énergie. Celui qui se fait trop de soucis en perd l'appétit, il se met parfois à maigrir. Nous pouvons nous apercevoir qu'il est rongé par les soucis rien qu'en le regardant. Mais il existe un remède contre ce souci mortifère : dans la tradition biblique, c'est la confiance dans la sollicitude de Dieu : Dieu lui-même se préoccupe de moi, il est donc inutile que je me laisse ronger par les soucis. Une aide concrète consiste à présenter mes soucis à Dieu. C'est au cours de la prière que je peux Lui en parler. Après quoi, mes soucis se résolvent ou au moins se relativisent. C'est dans la prière que croît la confiance que lorsque je confie mes soucis à Dieu, je suis entre de bonnes mains.

27

Désarmez votre colère

🍃 L'irritation, la peur et la colère sont les trois grandes causes des dérangements dans nos cœurs. L'enseignant du zen Thich Nhat Hanh[20] donne à ce sujet le conseil suivant :

....

« Désarme ta colère. »

....

🍃 Mais c'est plus facile à dire qu'à faire ! Néanmoins, quand j'essaie de désamorcer l'irritation ou la colère qui m'agitent, au moins elles ne peuvent pas prendre de l'ampleur ni possession de mon cœur. Je désarme une personne quand je l'aime. Mais il n'est guère facile d'aimer ma colère. Le premier pas consiste à ne pas juger ma colère, à ne pas l'évaluer. Je la prends dans les bras et la regarde avec tendresse. Puis j'entame une conversation avec elle : « Que cherches-tu à me dire ? Pourquoi es-tu aussi furieuse ? Qu'est-ce donc qui t'a blessée ? Quelle nostalgie se cache en toi ? » Grâce à ce genre de discours, que je fais sans aucun reproche, mais gentiment, la colère commence à se tasser. Quand elle reprend la parole, elle ne se met plus en rage sans raison. Elle attirera mon attention sur des facettes importantes de mon âme dont je ne m'étais pas rendu compte. Quand je désarme la colère, je l'autorise à être présente. Et quand elle acquiert le droit d'être là, elle n'a plus besoin de se faire remarquer en faisant du tapage. Elle se transforme en une compagne de route.

28

Quand vient le doute

🍂 Thérèse de Lisieux[21], la petite Thérèse, fait partie des grands sages parmi les saints. Cette sœur carmélite mourut jeune, à 24 ans. Elle avait déjà trouvé le courage de découvrir le chemin de son sentiment quotidien d'amour, et cela dans un climat d'une spiritualité basée sur la peur. Elle jeta à la poubelle le système de spiritualité très compliqué qu'on lui proposait, et fit confiance à l'amour. Malgré sa jeunesse, elle possédait l'intuition du secret des êtres humains. Cette grande connaisseuse de l'âme humaine écrivait :

« Quand la confusion nous submerge, c'est souvent dû au fait que nous pensons beaucoup trop au passé et à l'avenir. »

🍂 La confusion nous ronge parce que par le passé, nous n'étions pas aussi parfaits que nous l'aurions souhaité. Nous n'arrivons pas à nous libérer de notre passé. Et nous envisageons l'avenir avec crainte. Le seul moyen de se libérer de la confusion consiste à être entièrement dans l'instant présent. Maintenant, en ce moment même, je vis devant Dieu. Et, à présent, je suis enveloppé de Son amour. Cela me suffit. Ce qui était et ce qui pourra advenir ne me préoccupe pas et ne me cause pas de souci.

29

Vaut-il mieux rire ou pleurer ?

🍃 Nous trouvons dans les traditions orientales aussi bien qu'occidentales la mission de notre existence, notre vie. Dans le bouddhisme zen, il y a des conceptions de sagesse semblables à celles de la philosophie stoïcienne. On y découvre :

« Que l'on passe sa vie en riant ou en pleurant, sa durée est la même. »

🍃 Les maîtres spirituels célèbres sont d'accord à ce sujet : nous sommes responsables de l'humeur avec laquelle nous traversons notre vie, avec angoisse ou avec confiance, avec joie ou tristesse, avec souci ou espoir. Cela dépend de notre interprétation du sens de la vie. Si nous voyons tout en noir, nous passerons notre vie en larmoyant. Si nous nous faisons tant de soucis que cela influe sur notre représentation du sens de la vie, celle-ci devient épuisante. Parce qu'alors, nous n'avons jamais la certitude que nos souhaits se réalisent. Par contre, si nous faisons confiance à la vie, que nous lui laissons le soin que tout aille pour le mieux, que ce que nous vivons correspond à ce qu'elle devrait être, nous pouvons profiter de chacun de ses instants.

30

La bourse aux soucis

L'attente passive de ce qui peut arriver peut être l'expression de l'indécision, ou de la paresse, mais elle peut aussi être une vertu qui peut parfois nous épargner des contrariétés.

Sur le bureau du fondateur de Chrysler, Walter Chrysler, il y avait un petit sac en cuir dans lequel il rangeait soigneusement des listes de tout ce qui lui causait des soucis. Une semaine après, il cherchait les soucis qui restaient d'actualité. La plupart s'étaient résolus d'eux-mêmes. Et il en avait tout simplement oublié d'autres. Il comprenait la ressemblance entre la plupart des soucis et un rhume : qu'ils disparaissent après sept jours ou après une semaine, c'était une question d'état d'esprit. Cela ne change rien à la chose elle-même. Qu'on se fasse des soucis ou non, cela revient au même. Walter Chrysler avait compris cette vérité :

« De nombreux problèmes se résolvent d'eux-mêmes, du moment qu'on leur en laisse le temps. » disait Krishna Menon[21].

31

Vivre c'est maintenant, pas demain !

🍃 De nombreuses gens venaient demander conseil au père Poemen[22], un célèbre père du désert du Ve siècle. L'un d'entre eux lui posa un jour la question de savoir qui était concerné par les paroles des Écritures :

« Ne te soucie point de demain. »

🍃 Poemen lui répondit, en citant Jésus à sa façon :

« À un homme auquel la délivrance de la tentation était dénié, et qui, soucieux, demandait à Jésus : "Pendant combien de temps devrai-je résister à cette tentation ?" Jésus répondit : "Tu ferais mieux d'y réfléchir et de te dire quotidiennement aujourd'hui !" »

🍃 C'était une interprétation très particulière que Poemen faisait des paroles de Jésus. Pour Poemen, les soucis ne concernaient pas la nourriture ou les vêtements, mais la nature et le sens de la vie. Je connais de nombreuses gens auxquels ces paroles seraient utiles. Ils sont très préoccupés de savoir s'ils émergeront de leur dépression, ou s'ils seront capables de résister à la tentation du doute ou de la résignation. Le conseil suivant leur serait utile :

« Ne vous souciez pas du lendemain, vivez l'instant présent. À l'instant présent, vous possédez suffisamment de forces. Ce qui se passera demain, laissez donc demain s'en charger. »

32

Quand tombe la nuit

Le pédagogue Georg Christoph Lichtenberg[23], un fin observateur du comportement humain, nota un jour :

« Le tiroir aux soucis, qui est le plus sacré dans la section économie de l'âme, ne s'ouvre que la nuit. Et chacun a le sien. »

Ce qu'il voulait dire par là était que beaucoup de gens ne laissent pas leurs soucis remonter à la conscience. Ils ne veulent pas que leurs soucis les gênent dans leurs activités quotidiennes. Ils aiment paraître sans souci et joyeux vis-à-vis de leur entourage et n'apprécieraient pas de se faire remarquer par leurs préoccupations intimes. Mais elles ne se laissent pas écarter. La nuit, elles font surface. Parfois, ces gens se tournent et se retournent sans pouvoir s'endormir. Puis, ils emportent leurs soucis avec eux dans leur sommeil. Il y a un proverbe lithuanien qui exprime une expérience différente à ce sujet. Il dit :

« La nuit est l'extinction de nombreux soucis. »

Si, avant d'aller me coucher, je confie mes soucis à Dieu, je peux me coucher tranquillement. Je m'apercevrai alors, en me réveillant le lendemain matin, que le sommeil a absorbé mes soucis comme du papier buvard. Celui qui fait confiance à la fonction réparatrice du sommeil sera débarrassé de ses soucis. Les anges lui rendent visite dans ses rêves, et effacent ses soucis. Il ne doit rien faire de spécial, il lui suffit de confier ses préoccupations au sommeil.

Pendant mon sommeil, je lâche prise, et je fais confiance à cet abandon : je me laisse choir dans les bras du Seigneur. Là, je suis supporté, et là, les soucis s'éteignent.

33

La bénédiction du sommeil

🍃 Le sommeil fait partie des consolations de la vie. Nombreux sont les gens, pieux et sceptiques, qui en ont fait l'expérience.

Saint Augustin[24], l'un des Pères de l'Église[25], avait remarqué les bienfaits du sommeil sur son propre corps :

« Je me suis endormi puis me suis réveillé, et j'ai trouvé ma douleur fort atténuée. »

🍃 Quand nous nous abandonnons au sommeil, ce dernier est en effet thérapeutique. Les douleurs des blessures de la veille s'atténuent. Nous les sentons toujours, mais elles ne nous brûlent plus. Aldous Huxley[26] en avait fait l'expérience :

« De toutes les grâces et les bénédictions de la nature, le sommeil est la meilleure. »

🍃 Mais cette phrase n'est pas très utile aux gens qui souffrent d'insomnie ! Il n'existe pas de truc pour se débarrasser de l'insomnie. Le seul moyen de retrouver peu à peu le sommeil est d'abandonner le souci de son propre sommeil ! Nous pourrons alors être sûrs que notre corps et notre esprit prendront le repos dont ils ont besoin.

ÊTRE
EN
HARMONIE

Soyez la note et la mélodie

⭐ En allemand, les termes *Einklang* et *klingen* (« harmonie, être en harmonie avec soi-même ») évoquent la note de musique. Nietzsche[27] comparait notre vie à une symphonie. Chaque symphonie a des pauses, des passages poignants, des contrepoints et des moments forts. Notre vie, de même, a des moments rares et précieux durant lesquels nous sommes profondément émus, lorsque quelque chose en nous réveille un son particulier, qui comble nos désirs. Nietzsche écrivait :

« L'amour, le printemps, les belles mélodies, les montagnes, la lune, la mer, tout cela nous remue jusqu'au fond du cœur, dans la mesure où cela peut s'exprimer. Car beaucoup de gens ont certains moments d'absence, où ils ne sont plus que des intervalles, des pauses, dans la symphonie de la vie réelle. »

⭐ Celui qui n'existe que dans les intervalles, celui qui ne vit que dans le silence entre les notes, espace impuissant à faire résonner une note, celui-là ne pourra retentir, ne pourra résonner, quand les notes chercheront à l'atteindre. Nous devons être des notes, afin que la vie nous entraîne dans sa symphonie.

L'harmonie

⭐ Comment faire pour être en accord avec son harmonie intérieure ? La musique nous enseigne que l'harmonie n'est pas constituée que d'une seule note. Ce serait d'ailleurs ennuyeux. Tout l'art consiste à faire retentir tout ce qui est en nous de telle sorte que les sons ne soient pas discordants, mais au contraire qu'ils vibrent au diapason d'une grande harmonie.

⭐ Thomas d'Aquin[28] s'en était déjà rendu compte lorsqu'il parlait de la beauté (et pas seulement à propos de la musique) :

....

« L'origine de la beauté se trouve dans une harmonie bien déterminée des contrastes. »

....

⭐ La musique ne devient pas nécessairement belle grâce à une harmonie continue, mais lorsque l'harmonie émerge des oppositions chromatiques. Mozart, plus qu'aucun autre compositeur, l'avait compris. Sa musique fait vibrer toutes les cimes et tous les tréfonds de l'âme humaine : le deuil et la joie, la peur et la confiance, l'amour et la haine. Lorsque tous les sentiments résonnent, ils aspirent toujours à se mettre en résonance avec une harmonie supérieure.

L'accord musical de l'âme

Le chant grégorien possède huit degrés musicaux différents. Un degré désigne la place d'une note dans une échelle musicale spécifique. Chacun de ces degrés ouvre un espace sonore particulier dans nos cœurs, dans lequel Dieu résonne de façon à chaque fois différente. Et chacun de ces degrés ouvre un espace spécifique dans nos âmes. Grâce à cela, les annonces curatives divines particulières à chacun de ces degrés peuvent pénétrer dans ces espaces et les combler de lumière et d'amour. On chante par exemple l'introït de Pâques au quatrième degré, la sous-dominante. Naguère, c'était dans ce degré-là que l'on chantait les chants funéraires. L'Église, dans sa profonde sagesse, a utilisé ce degré dans son annonce de la résurrection de Jésus, afin d'y faire ressortir l'affliction et la gravité. Car la Résurrection veut sublimer toute notre peur et toute notre affliction. Nous introduisons les paroles lénifiantes de la Bible dans les différentes parties de notre âme grâce aux huit degrés du chant grégorien, afin d'y faire résonner partout l'accord de l'amour de Dieu avec notre accord intérieur.

Le bien-être et l'harmonie

⭐ Dans l'Antiquité, les Grecs parlaient souvent de l'harmonie, de l'accord des sphères. Pour les pythagoriciens, tout l'univers était mélodie. Les différentes planètes émettaient une mélodie harmonique des sphères. Qui illustre cette harmonie du cosmos par la musique s'intègre dans son ordre céleste. Héraclès[29] définissait l'harmonie comme étant l'orchestration des éléments contraires. C'est dans l'harmonie que le désordonné et le cohérent trouvent leur accord. Platon[30] avait transféré cette notion musicale à l'âme humaine. L'âme a, elle aussi, besoin d'harmoniser les diverses forces antagonistes qui règnent en elle.

⭐ Dans la philosophie stoïcienne, Dieu est défini comme étant le véritable musicien qui orchestre les diverses forces contraires de la nature. Clément d'Alexandrie[31] considéra Jésus comme étant l'image de Dieu, et l'exprima de la façon suivante :

> *« Cette image de Dieu [Jésus] a transformé la dissonance des éléments en un accord harmonieux, afin que l'univers entier devienne un ensemble orchestral. »*

Pur et limpide

★ Clément d'Alexandrie avait développé une christo-logie musicale : le Christ est le véritable Orphée[32], le chantre divin, qui, par sa chanson, émeut le cœur des hommes et l'ouvre à Dieu. Les paroles qu'Il proclame permettent aux hommes d'être en harmonie avec eux-mêmes. Clément se référait à ce sujet à Jean, qui laisse Jésus s'exprimer dans son Évangile :

....

« Déjà vous êtes émondés par la parole que je vous ai dite. » (Jn 15,3)

....

★ Jésus avait parlé de Dieu de telle sorte que les hommes se savaient purs, qu'ils se sentaient en harmo-nie intérieure.

★ Nous devons faire attention à ce que nous disons, à l'effet que produisent nos paroles : si elles divisent les hommes, si elles les salissent avec nos émotions néga-tives, ou au contraire si elles les amènent à se sentir purs et limpides.

39

Guidés par le son

Pour saint Augustin[(24)], une façon de se recueillir consistait à chanter. Selon lui, chanter nous conduit dans les profondeurs de notre âme, là où Dieu réside en nous. Augustin faisait référence à cette théologie du chant dans l'épanouissement au chapitre 42, verset 5 du deuxième livre des Psaumes :

« Je me laisse aller à évoquer le temps où je passais la barrière, pour aller jusqu'à la maison de Dieu, parmi les cris de joie et de louange d'une multitude en fête. »

Pour Augustin, cette théologie du chant s'exprimait dans les paroles « parmi les cris de joie et de louange » ; c'est ainsi que nous parvenons jusqu'au plus profond secret de Dieu, jusqu'au secret de la maison de Dieu en notre cœur. Il ne s'agit pas seulement du chant lui-même qui nous amène au tréfonds de l'âme, mais aussi le fait d'entendre le chant. Lorsque nous entendons des gens qui chantent de tout leur cœur, et qui sont entièrement plongés dans ce chant, nous sommes alors semblables au cerf qui se sent attiré par la source d'eau : cela nous conduit vers Dieu. Guidés par le son de la joie, nous en oublions le monde extérieur et nous nous tournons vers le plus profond de nous-mêmes. Nous sommes alors précipités vers l'intérieur et là, tout au fond de nous, nous sommes en harmonie avec notre vrai moi.

Lâchez prise !

⭐ Ce n'est pas un hasard si le chanteur Paul Williams[(33)], qui nous a montré un chemin pour pouvoir harmoniser tout ce qui est en nous, a été un musicien. Il disait :

« Lâchez prise, laissez donc aller ce que vous tenez ! Et comme par magie, tout ce à quoi vous tenez vraiment surviendra dans votre vie. »

⭐ Quand nous nous accrochons à nous-mêmes ou à quelque chose, ce qui vit en nous ne peut s'épanouir, il ne peut s'établir d'harmonie entre nous et notre entourage. C'est non seulement valable pour nos relations avec autrui, mais aussi avec nous-mêmes. Dès que nous lâchons prise en notre for intérieur, nous entrons en contact avec la véritable identité qui est en nous. Tout d'un coup, nous découvrons qui nous sommes réellement. Nous détectons alors notre véritable personnalité, nos sentiments réels et la richesse de notre âme. S'accrocher à soi-même signifie encore et toujours s'accrocher à une image de nous que nous nous étions faite, qui cachait notre moi véritable. Si je ne me sens bien que lorsque je suis attaché à cette image, je ne découvrirai jamais ce qui m'appartient et me caractérise réellement. L'unisson, l'harmonie intérieure, la résonance permanente en moi ne peuvent se réaliser que lorsque je lâche prise et que j'autorise cet autre moi à être tel qu'il est, et non pas celui qui est conforme à l'image que je m'en étais faite.

Comme au ciel

 Thich Nhat Hanh[20], le moine bouddhiste vietna-mien mentionné plus haut, recommande l'attention comme voie pour vivre en harmonie avec soi-même. Celui qui est attentif arrive à percevoir chaque instant comme quelque chose de neuf, comme au premier jour de la Création. Il ne se sent pas étranger à lui-même et ne perçoit pas la réalité comme une chose banale ou ennuyeuse. Il vibre en phase avec tout ce qui vit autour de lui, et ressent le monde dans la magie de son début, pourrait-on dire. Pour lui, la réalité est remplie d'in-nombrables choses précieuses. Celui qui est à ce point en phase avec lui-même et avec l'instant présent, cet instant qu'il est en train de respirer, celui-là est déjà au royaume des cieux, dit ce moine vietnamien. Précisant sa pensée, il ajoute :

« Il n'est pas nécessaire que nous mourions pour monter au royaume des cieux. Il suffit en effet d'être totalement vivant. Quand nous inspirons et expirons avec attention, et quand nous enserrons un bel arbre dans nos bras, nous sommes au paradis. Nous sommes sur-le-champ transportés au paradis quand nous respirons attentivement, et que nous sommes pleinement conscients de nos yeux, notre cœur, notre foie et l'absence de mal de dents. La paix s'offre à nous, il suffit de l'effleurer. »

Ayez les mains libres

⭐ Après le confucianisme et le bouddhisme, le taoïsme est la troisième grande tradition religieuse de Chine. Dans la tradition spirituelle du tao[34], il s'agit avant tout du lâcher prise. Il vaut mieux, selon cette philosophie, laisser les choses en l'état que constamment vouloir agir sur elles : il y a un ordre intérieur latent dans chaque chose. Cet ordre intérieur exige des hommes une attitude qui lui corresponde. Ainsi on peut aussi comprendre le proverbe chinois suivant :

« Quand tu lâches ce que tu tenais, tu te libères les deux mains. »

⭐ Quand je m'accroche de toutes mes forces à quelque chose, je deviens incapable de manipuler un autre objet ; je n'ai donc plus les mains libres, car elles sont toutes deux déjà occupées. Parfois, je tiens un objet avec une seule main, et d'autres fois, il me faut les deux pour le maintenir. Lâcher prise équivaut à me libérer les deux mains, ainsi je peux me saisir de ce qui est vraiment important. Le fait d'avoir les deux mains libres me permet de façonner ou de former quelque chose, ou de tendre une main à autrui, ou encore de le tenir à deux mains s'il est en danger, ou même de lui donner une accolade chaleureuse quand il en éprouve le besoin.

Sur quoi les miracles
se fondent

★ De nombreuses personnes croient aux miracles et espèrent en bénéficier. Par exemple, le miracle d'une guérison, le miracle d'obtenir le poste que l'on recherche ou celui de passer un examen avec succès. Elles attendent et espèrent que ce miracle vienne du dehors. Dieu devrait les faire bénéficier d'un miracle. Il arrive parfois que Dieu fasse une telle chose. Mais nous ne devrions pas nous fixer sur le surnaturel ou rechercher le sensationnel. Car les miracles de Dieu nous entourent toujours. Il nous suffit d'ouvrir les yeux et nous pourrons constater la beauté incroyable de la nature. Nous vivrons le miracle de rencontrer certaines personnes. Et nous pourrons nous apercevoir du miracle que nous sommes tout bonnement là, que nous respirons, que nous ressentons, que nous vivons. L'auteure américaine Willa Cather[35] décrivait cette expérience en ces termes :

« Les miracles se fondent sur le fait que nos perceptions sont aiguisées pour que nos yeux puissent voir en un instant ce qui nous entoure, et nos oreilles puissent ouïr de même. »

★ Soyons quotidiennement attentifs aux miracles, et ouvrons grand les yeux et les oreilles afin de tenir le miracle dans la main comme s'il était un oiseau disait Hilde Domin[36].

★ C'est en cela que se trouve vraiment l'art de vivre.

Il n'est jamais trop tard

⭐ J'entends bien souvent des gens me dire à quel point ils regrettent de ne pas avoir réellement vécu. Ils ont l'impression qu'ils se sont limités à réaliser ce qu'on attendait d'eux, mais qu'ils n'ont pas vraiment réalisé leur potentiel intérieur. Ils sont en quelque sorte passés à côté de leur vie. Et maintenant, ils ont l'impression qu'il est trop tard pour retrouver le chemin qu'ils auraient dû suivre. Pourtant, il n'est jamais trop tard. Il ne s'agit pas de se lamenter sur son passé. Maintenant, à l'instant présent, je suis capable de vivre pleinement. Pour y arriver, il ne m'est pas nécessaire de tout faire différemment, il suffit simplement d'arriver à entrer en contact avec mon moi intérieur et de vivre en conséquence. Si je me réalise pleinement aujourd'hui, je pourrai répéter ce soir ce que le philosophe romain Sénèque[37] disait :

« À celui qui peut dire chaque soir qu'il a vécu, chaque lendemain lui apporte une nouvelle richesse. »

⭐ Si je vis réellement aujourd'hui, demain sera aussi une réussite.

Gardez votre équilibre

⭐ Se sentir en harmonie avec soi-même ne vient pas sans effort. C'est un art de vivre sa vie de façon à ce qu'elle prenne tout son sens.

⭐ Théodore Fontane[38] décrivait cet art comme la capacité d'élaborer son équilibre intérieur :

> *« Tout l'art de la vie consiste à vivre avec légèreté mais sans frivolité, à être enjoué sans pour autant être exubérant, à être courageux mais pas téméraire. »*

⭐ Si nous nous fixons une attitude rigide, aussi bonne soit-elle, elle ne nous donnera pas de personnalité, mais nous fera perdre notre équilibre intérieur. Être insouciant sans pour autant verser dans la frivolité revient à rechercher un équilibre délicat. C'est un art d'être enjoué sans pour autant devenir exubérant, faire preuve de courage et non de témérité. Nous ne pouvons jamais nous targuer de posséder cet équilibre délicat. Il nous faut faire preuve d'intuition pour découvrir l'équilibre qui nous convient le mieux. Et être très attentif afin de le conserver.

Restez patient

⭐ François de Sales[39], évêque de Genève vers 1600, resta avant tout un conseiller spirituel. Dans de nombreuses lettres, il accompagna les gens dans leurs préoccupations intérieures. Ses conseils témoignent d'une profonde connaissance de la nature humaine ainsi que d'une attitude de compassion. Il écrivait :

« Ne laissez jamais vos souhaits inquiéter votre cœur, aussi menus soient-ils. »

⭐ Nous pouvons parfaitement avoir des souhaits, mais ces derniers ne doivent jamais prendre une ampleur telle qu'ils rendraient notre cœur captif et le plongeraient dans l'inquiétude. Nous devons être patients envers nous-mêmes ; autrement, nous risquons qu'ils acquièrent une telle force qu'ils nous rendraient inquiets. François de Sales, pour encourager son propre cœur à la patience, lui disait :

« Nous devons témoigner de la patience envers tout, mais surtout envers nous-mêmes. »

Aimez les questions
en tant que telles

⭐ Rainer Maria Rilke[40] décrivait l'essence de notre patience dans un poème merveilleux :

> *« On doit éprouver de la patience envers tout ce qui,*
> *dans notre cœur, n'est pas encore résolu.*
> *Et essayer d'aimer les questions en tant que telles,*
> *comme des salons secrets et comme des livres,*
> *écrits dans une langue très étrangère. »*

⭐ L'homme est souvent une énigme pour lui-même. Je pourrais m'énerver et être impatient envers moi-même quand que je ne me comprends pas. Ou au contraire, je pourrais accepter patiemment en moi ce qui n'est pas encore résolu ou pas encore compris, et le chérir. Je manipule avec beaucoup de précaution les livres qui sont écrits dans une langue étrangère que je ne comprends pas. Ce qui est étranger possède une force d'attraction autonome. Quand je traite ce qui est étranger en moi avec précaution, je me trouve alors en accord avec les mystères de ma vie, avec ceux de mon existence.

Ainsi, la paix devient possible

★ Thomas von Kempen[41], aussi nommé Thomas a Kempis, est considéré aujourd'hui comme l'auteur de *L'Imitation de Jésus-Christ*, le livre le plus lu après la Bible dès le XVe siècle et longtemps après. Il expliquait ainsi pourquoi tant de gens sont incapables de vivre en paix :

....

« Nous pourrions vivre en paix, si nous ne nous préoccupions pas sans arrêt de ce que les gens pensent et disent de nous. »

....

★ Ces mots sont toujours d'actualité. Beaucoup d'autres se demandent constamment ce que les autres pensent d'eux ou ce qu'ils disent à leur sujet. Ils craignent que les autres médisent à leur propos.

D'autres s'occupent des faits et gestes d'autrui. Ils se préoccupent tout le temps de ce que les autres ont dit ou fait et se plongent dans les journaux ou dans les revues périodiques pour y lire les histoires à scandale de quelque artiste ou des membres de la noblesse, et s'en indigner.

★ Au lieu de vivre en paix, ils ont besoin des autres pour transférer sur eux leur propre insatisfaction. Mais ils se gardent de l'avouer. Ils sont toujours mécontents de tout le monde, et finalement d'eux-mêmes.

★ La paix de l'âme s'instaure quand nous nous sommes réconciliés avec les autres, et que nous acceptons de les laisser être tels qu'ils sont. Ce qui est encore plus important pour acquérir la paix intérieure, c'est de posséder un endroit secret intérieur dans lequel nous puissions vivre en harmonie avec nous-mêmes, avec notre entourage, en fait avec toute la Création.

49

Soyez en accord
avec vous-même

⭐ En principe, chacun de nous aimerait être en accord avec soi-même. La question est comment y arriver. Dans son Évangile, Jean dit que Jésus nous en montre un chemin. Jésus dit au Père :

« J'ai manifesté ton nom aux hommes que tu as tirés du monde pour me les donner. » (Jn 17,6)

⭐ Et rajoute :

« ..., pour qu'ils soient un comme nous sommes un. » (Jn 17,11)

⭐ Cette prière ne concerne pas seulement l'harmonie des gens entre eux, mais aussi notre propre harmonie. Nous ne sommes en harmonie avec nous-mêmes que lorsque nous faisons comme Jésus, qui, descendu des cieux, a conduit toute l'humanité en harmonie avec Dieu.

⭐ Ainsi nous serons en accord avec nous-mêmes quand nous aurons le courage de redescendre dans le fond de notre humanité, au tréfonds de l'abîme de notre âme, dans la profondeur de notre inconscient. Seul notre être profond peut être en accord avec Dieu. Et alors, nous pourrons être d'accord avec nous-mêmes ; car alors, tout en nous sera rempli de l'amour de Dieu.

Nous ne pourrons être en harmonie avec nous-mêmes que lorsque nous saurons que nous sommes en même temps en Dieu. C'est dans ce sens que Jésus pria :

> « … que tous soient un comme toi, Père, tu es en moi et que je suis en toi, qu'ils soient en nous eux aussi, afin que le monde croie que tu m'as envoyé. » (Jn 17,21)

La faiblesse devient une force

★ Voici ce qui nous empêche le plus d'être en accord avec nous-mêmes : la nécessité de rejeter toutes les choses que nous considérons comme vraies. Nous nous sommes formé une image tellement idéalisée de nous-mêmes qu'il nous est pénible de nous réconcilier avec notre vraie nature.

★ Nietzsche[27] disait aux personnes qui n'arrivaient pas à se pardonner, d'être ce qu'elles sont. Peut-être même se le disait-il aussi à lui-même :

« Rejette le mécontentement que tu éprouves envers toi-même. Pardonne-toi donc ainsi ton propre moi. »

★ Comment arriverai-je à me pardonner ce que je suis ? Je n'y puis rien d'être tel que je suis. Pourtant, dans le fond de mon âme, je découvre des reproches contre mon moi. Je n'arrive pas à me pardonner d'avoir ces faiblesses, ces traits de caractère qui me déplaisent en moi. Et pourtant, ce ne sera que lorsque je pourrai me les pardonner, que ces faiblesses pressenties auront perdu leur pouvoir destructif. Alors ces faiblesses deviendront des forces. Ma confiance défaillante en moi s'en trouvera transformée en capacité à comprendre mon prochain et à le réconforter.

L'unique prière

★ La gratitude est une voie importante pour être en harmonie avec soi-même. Maître Eckhart[42] écrivait :

« Même si l'unique prière que vous aviez faite dans votre vie eut été "Je te remercie", elle eût suffi ! »

★ De nombreuses personnes prient Dieu de les rendre plus fortes, en meilleure santé, et de les aider à réussir ce qu'elles entreprennent. Elles ne peuvent s'accepter que lorsqu'elles sont conformes à l'image qu'elles se sont faite d'elles-mêmes. À cette fin, elles aimeraient avoir l'appui de Dieu. Maître Eckhart était d'avis que la prière la plus profonde était le remerciement. Mais Maître Eckhart ne nous a pas dit à qui ou à quoi il fallait dire merci. Un simple « Je vous remercie » semblait lui suffire. Cela, je peux le dire partout et à chacun.

★ Quand j'ai réussi quelque chose, je dis « Merci » en guise de prière. Par contre, si j'ai raté quelque chose, il m'est plus difficile de dire cette prière ! Si j'arrive quand même à l'articuler, cela m'aura permis d'appréhender cet événement d'une autre façon : en plein échec, je reste quand même en paix avec moi-même :

« Je vous remercie de m'avoir libéré de mes illusions ; je vous remercie du fait que je reste dans tous les cas dans les mains du Seigneur. »

Un goût neuf

⭐ De nos jours, David Steindl-Rast[43] décrit la notion de gratitude comme étant le concept de base essentiel de l'homme spirituel :

··

« Chaque manifestation de gratitude est une expression de confiance. Tout sentiment de méfiance conduit à ne pas même reconnaître un cadeau comme tel. Qui donc pourrait à coup sûr être convaincu qu'il ne s'agit pas d'un leurre, d'une tentative de corruption, d'un piège ? La gratitude implique le courage de faire confiance à quelqu'un, ce qui lui permet de surmonter la peur. »

··

⭐ Les gens qui rejettent la gratitude, les gens méfiants sont d'un commerce désagréable pour leur entourage. Ils éprouvent une méfiance fondamentale vis-à-vis de tout. Quand on leur offre un cadeau, ils pensent d'emblée qu'on a une arrière-pensée et sont incapables d'accepter avec gratitude ce qui se présente à eux. Le frère Steindl-Rast dit aussi qu'une personne reconnaissante voit le cadeau d'un œil favorable dans chaque situation *donnée*. Il reconnaît l'occasion qui s'offre, même dans la pire situation, et se saisit de cette occasion. Tout ce pour quoi nous exprimons de la gratitude nous donne exclusivement de la joie. Il a raison : quand j'accepte avec gratitude ce que quelqu'un ou Dieu me donne quotidiennement, je me trouve en phase avec moi-même et avec le monde. Ma vie alors prend un goût neuf et agréable.

53

Ne soyez pas modeste !

⭐ J'ai connu des gens qui détestaient les compliments qu'on leur faisait. Quand je les remerciais pour quelque chose qui m'avait plu ou qui était important pour mon activité, ils réagissaient souvent en se réfugiant derrière leur modestie. Leurs réponses étaient du genre : « Ce n'est pas la peine de le mentionner » ou « Ce n'était rien d'important. »

⭐ Dans de nombreux cas, l'excès de modestie n'est qu'une tentative de recevoir encore plus d'éloges. Cela masque parfois un besoin inextinguible d'être complimenté. Dans d'autres cas, cela dénote l'incapacité de recevoir des éloges avec gratitude et le souci de ne jamais en être rassasié.

⭐ Je me sens en harmonie, non seulement avec moi-même, mais aussi avec une tierce personne, quand elle me complimente ou me remercie du compliment que je lui ai fait. Tous deux, nous nous sommes remerciés, et par le truchement de ce remerciement, nous avons vécu en commun une expérience épanouissante. Nous avons tous deux ressenti qu'en dernier ressort, tout le bien vient de Dieu. Mais il est bon d'exprimer au bénéficiaire de ce don de Dieu que moi aussi j'en suis reconnaissant.

La résonance

⭐ La gratitude rend les gens d'un commerce agréable. Nous tenons volontiers compagnie aux gens reconnaissants. Elle est une condition pour que je puisse vraiment aller à la rencontre d'autrui, et que je le fasse volontiers. À l'inverse, à une personne qui n'éprouve pas de gratitude, je n'aime pas ouvrir mon cœur, car dans ce cas, j'ai l'impression que ma sincérité ne rencontre en elle aucune résonance. La gratitude est le fondement de la résonance à partir de laquelle les dialogues et les rencontres deviennent des réussites. Par conséquent, dans une communauté, le sentiment de gratitude s'avère être d'une nécessité vitale. C'est l'expression concrète que j'accepte mon prochain, que je me réjouis qu'il fasse partie de ma communauté. De tels sentiments doivent être exprimés afin que le niveau émotionnel d'une communauté ne baisse pas.

55

La liesse

★ La joie éprouvée par la gratitude partagée a quelque chose de libératoire. Elle me libère de la nécessité de me comparer aux autres, et de les dépasser dans mes œuvres et mes capacités. Elle me permet de me réjouir avec eux de leur réussite. Il ne m'est nécessaire ni de me dénigrer ou de me valoriser, ni de leur faire subir des sentiments analogues. Ma valeur ne s'abaisse pas quand je reconnais les leurs avec gratitude. C'est de cette façon-là que la gratitude nous relie, eux et moi. Nous ne sommes pas concurrents les uns des autres. Au contraire, nous admirons ensemble ce que Dieu nous donne, parfois à l'un, parfois à l'autre. La gratitude rend une entente collective réalisable et nous libère d'un antagonisme constant, ainsi que de la nécessité de nous comparer constamment les uns aux autres.

★ Chacun a suffisamment de motifs pour éprouver de la gratitude. Je suis non seulement reconnaissant pour ce que Dieu m'a personnellement offert, mais aussi pour les amis qu'il m'a donnés, ainsi qu'envers les gens auxquels il a offert de nombreux dons et talents, dont je suis dépourvu. Il n'est pas nécessaire que tous les talents se retrouvent en moi : c'est sympathique de pouvoir admirer chez autrui des traits qui me font défaut. Cela ne me rend pas envieux, mais au contraire, je me réjouis de trouver des richesses chez les autres.

Soyez d'accord avec votre vie

⭐ Nous ne devons pas seulement éprouver de la gratitude pour les cadeaux et les côtés agréables de la vie. Quand je repense à mon passé, je ressens une profonde gratitude, même pour les périodes difficiles durant lesquelles je ne savais pas vers où me tourner. Je me rends compte alors que ma vie n'eût pas porté tant de fruits si tout s'était déroulé aisément. Je serais peut-être devenu un éternel étudiant exemplaire, ambitieux et travailleur, mais motivé uniquement par la raison et la volonté, sans aucune profondeur spirituelle.

⭐ Quand j'examine en particulier les époques durant lesquelles j'étais plongé dans l'incertitude, je dois reconnaître qu'il me faut éprouver une profonde gratitude car Dieu m'a montré la route, et fait le meilleur choix pour moi. Les périodes de crise m'avaient lié plus étroitement à mon cœur. La gratitude signifie pour moi être d'accord avec ma vie, me sentir en harmonie avec celui que je suis devenu. Elle signifie aussi que je ressens une profonde paix intérieure, que j'éprouve que tout est bien ainsi.

⭐ En même temps, cette gratitude est empreinte d'humilité. Je suis conscient que je ne dois éprouver aucune prétention à l'égard de ce qui m'est arrivé. Cela aurait aussi bien pu en être autrement. Dieu ne m'a laissé éprouver autant de chaos et d'obscurité que je pouvais supporter ; il ne m'a jamais éprouvé ni défié au-delà de mes moyens. Cette gratitude me protège aussi de la tentation d'orgueil et m'empêche de me flatter de mes succès ou de mes compétences. Je sais que tout cela est un cadeau, un don de Dieu, et aussi un cadeau des hommes envers lesquels je suis très redevable. J'ai appris d'eux de faire confiance à la vie, et de rechercher la vision de Dieu en tout.

Tout vous est offert

⭐ La gratitude n'est pas à confondre avec la naïveté ! La gratitude m'enseigne à ne me reposer sur aucune compétence, sur aucun travail. J'ignore pendant combien de temps mon cerveau restera encore éveillé, combien de temps mon corps tiendra le coup sous toutes les surcharges extérieures. Je n'ai aucune garantie qu'un accident ou une maladie ne dégradera pas mon énergie créatrice. La gratitude m'enseigne à accepter tout ce qui mérite la reconnaissance de ce que Dieu m'a offert, mais également à être prêt à abandonner tout cela lorsqu'il m'en donnera l'ordre. C'est ainsi que la gratitude me libère par exemple de la peur d'une maladie dont je risque de souffrir un jour, ou de la crainte de ce que je deviendrai avec l'âge. La gratitude mène à la sérénité.

En accord avec tous et avec vous-même

Les gens qui ne sont pas en harmonie avec eux-mêmes ont peur de la solitude. Lorsqu'ils sont seuls, la déchirure intérieure qui est en eux apparaît. Il vaut mieux qu'ils s'échappent de cette situation avant qu'elle ne surgisse. C'est pourquoi ils s'occupent constamment de quelque chose pour esquiver leur solitude. Le mot « solitude » contient aussi une sonorité positive. En allemand, ce mot se dit *Einsamkeit*, qui contient étymologiquement les mots *ein*, signifiant outre le chiffre un, le sens de l'unicité, et le suffixe *-sam* qui signifie être en accord avec quelque chose. Le solitaire est en accord avec le fait qu'il est en unicité. Il se dit intérieurement qu'en effet il est un, unique sur la Terre, et tout au fond, qu'il est seul. Pourtant, cette solitude ne le dérange pas. Il accepte cette situation car il sait que dans cette solitude il est d'accord avec tout, avec lui-même, avec l'humanité et avec Dieu.

Embrassez la solitude

⭐ Toutes les religions ont reconnu que la solitude guide vers Dieu. À une époque, Paul Tillich[44] pensait que la religion est quelque chose que chacun commence à envisager dans sa solitude. Longtemps avant lui, Lao Tseu[45] écrivait à propos de la solitude :

« *Les gens ordinaires haïssent la solitude. Mais le maître l'utilise, embrasse son quant-à-soi et reconnaît qu'il est uni avec l'univers entier.* »

⭐ Celui qui accepte sa solitude en pleine conscience peut faire l'expérience qu'il est unifié à tout. C'est aussi le sens que le mot « seul » prend en allemand : *allein* peut se couper dans ses deux syllabes *all* et *ein*, ce qui signifie littéralement « tout » et « un » : être uni à tout. Celui qui s'aventure sur le terrain de sa solitude au lieu de la fuir arrive à ressentir qu'il est, au fond de son âme, unifié à tout ce qui existe en ce monde. Tout est interconnecté à tout. En profondeur, tout se tient. C'est ainsi que la solitude nous montre le chemin vers le fondement du monde sur lequel notre être repose.

60

Seul mais unique

★ La phrase célèbre suivante est de Hermann Hesse[46] :

« La vie est une solitude. Personne ne connaît son prochain, chacun est seul. »

★ Elle peut s'interpréter comme une plainte concernant la solitude humaine. Mais elle peut aussi se comprendre comme une déclaration positive de notre être : dans son for intérieur, chaque être humain expérimente sa solitude. Il y a en moi un fond que les autres ne peuvent apercevoir ni le comprendre. Mais cette expérience de la solitude ne m'isole pas. Bien souvent, elle me confère ma vraie valeur : étant seul, je suis aussi unique. Ce que je ressens, je suis seul à le ressentir. Ce que je vois, je suis seul à le voir. Quand je fais l'expérience d'être conscient, je suis reconnaissant de ma solitude. Parce qu'alors je ressens que dans ma solitude et mon unicité je comprends quelque chose de la nature de Dieu, qui disait :

« Je serai qui je serai. »[47] (Ex 3,14)

Regardez par terre

⭐ Nietzsche[27] avait compris le sens de la solitude quand il écrivait :

« Celui qui connaît l'extrême solitude connaît les choses ultimes. »

⭐ Celui qui accepte sa solitude dans le tréfonds de son âme entre en contact avec les choses ultimes, il entre dans la nature de toute chose, et il est finalement avec Dieu, l'origine ultime de toute chose. Il regarde dans l'abîme des secrets de sa vie. Et dans la nature de toute chose, tout lui devient clair. C'est là le sens de la contemplation, telle que les Pères fondateurs de l'Église l'avaient comprise : je regarde par terre, et là, tout me devient clair. Je ne vois pas une chose bien définie. Je ne peux expliquer ce que je vois. C'est beaucoup plus une vision pure, par laquelle tout devient clair. Tout s'éclaircit, même alors que cela reste inexplicable.

Le vrai recueillement

✳ Le recueillement est, lui aussi, une voie pour arriver à être en harmonie avec soi-même. Celui qui se tourne vers lui-même, dans la conscience de soi, découvre la richesse intérieure de son âme. Selon l'expérience de saint Augustin[24], c'est dans notre conscience intérieure que nous découvrons Dieu. Car Dieu est encore plus à l'intérieur de notre conscience que nous ne le sommes nous-mêmes. Nombre de gens préfèrent entrer dans une auberge. Cela peut aussi être agréable, après une longue excursion, pour prendre un rafraîchissement. Mais le vrai recueillement se produit en nous-mêmes. Certaines personnes pensent que le recueillement est soit ennuyeux, soit dangereux, car l'on pourrait alors découvrir son chaos intérieur. Néanmoins, seul celui qui ose rentrer en lui peut être en harmonie avec lui-même.

La sérénité intérieure

⭐ Les gens qui attendent trop de la vie ont du mal à s'accommoder de celle qu'ils vivent. Bernard Shaw[48] avait trouvé une solution pour s'harmoniser avec la sienne :

....

« J'ai appris à ne pas trop attendre de la vie. C'est là le secret de la véritable sérénité intérieure, et aussi la raison pour laquelle il m'arrive des surprises agréables, au lieu de déceptions inconsolables. »

....

⭐ Il était en harmonie avec lui-même car il ne se faisait pas d'illusions, ni ne faisait dépendre sa réussite d'espoirs bien définis. Il pouvait donc rester intérieurement calme et serein, et reconnaissant lorsqu'il lui arrivait d'agréables surprises au cours de sa vie.

64

Ce que mon cœur me dit

⭐ Dans le cloître franciscain de Lyon, il y a une inscription qui nous montre la voie pour arriver à être satisfait de notre vie :

> *« Évite de convoiter tout ce que tu vois, de croire tout ce que tu entends, de dire tout ce que tu sais et de faire tout ce que tu sais faire ! »*

⭐ Celui qui désire posséder tout ce qu'il voit n'arrive jamais à se sentir bien. Il fait dépendre son bonheur de ce qu'il voudrait avoir et voit toujours de nouvelles choses qu'il n'a pas. Aussi n'est-il jamais en phase avec lui-même. Celui qui éprouve le besoin de dire tout ce qu'il sait se met constamment sous tension, voulant tout le temps contribuer à la conversation. Il éprouve le besoin d'étaler tout son savoir devant les autres. Et il n'est jamais qu'un faible écho de ce à quoi il aspire. Il suffit de se limiter à ce que son cœur exprime. Alors seulement, on se libère de la pulsion de devoir tout dire, tout faire, tout croire.

La joie cachée au fond de l'âme

★ Nombreux sont les gens qui essaient de faire tout ce qu'on attend d'eux. Ils pensent qu'ils seront ainsi en harmonie avec eux-mêmes lorsqu'ils auront accompli toutes les attentes de leur entourage. Mais ils se rendent ainsi dépendants des autres et de leurs attentes. Ils ne ressentent pas ce qu'ils ont en eux-mêmes, mais deviennent dépendants de l'approbation des autres. Thomas d'Aquin[28] a montré un autre chemin pour arriver à la satisfaction intérieure :

« Rien ne réussit, sauf ce qu'on accomplit avec joie. »

★ Quand j'agis avec une joie intérieure, il en résulte une réussite. La question est : comment est-ce que j'atteins cette joie ? En chacun de nous, une joie est cachée au fond de l'âme. Mais il arrive souvent que nous soyons coupés de cette joie ; il est donc important que nous puissions entrer en contact avec elle. Elle dilate le cœur et fait que tout ce que nous réalisons devient une expression de joie et de gratitude.

66

Les champs, les prairies et les fleurs

⭐ Ce n'est pas uniquement en regardant en nous-mêmes que nous arriverons à être en harmonie avec nous. La prise de conscience du monde extérieur peut également nous conduire à la paix intérieure.

Telle avait été l'expérience de Thérèse d'Ávila[9], lorsqu'elle disait :

« J'admire volontiers les champs, les prairies et les fleurs. Ces choses m'aident à me réconforter. »

⭐ Quand je me mets à contempler les champs et les prairies qui m'entourent, je me sens alors bien dans mon être, je me sens renforcé, je me sens en phase avec moi-même. La vue de la beauté me conduit à la source de la beauté qui loge déjà dans mon âme. C'est en regardant la beauté de la nature que je vois ma propre nature. Ainsi, en admirant la beauté extérieure, je resserre les beaux côtés de mon âme, et je me mets en harmonie avec moi-même.

Le bonheur est en vue

⭐ Chacun connaît des voies différentes pour atteindre la paix intérieure. Certains l'éprouvent dans la nature, ils ressentent que la nature ne les jaugent pas, qu'ils peuvent s'y trouver tels qu'ils sont. Cela les libère de devoir se mettre en valeur.

François de Sales[39] avait trouvé un autre lieu où trouver la paix intérieure :

....

« Partout j'ai cherché la paix, et je l'ai finalement trouvée dans une boutique, une librairie, dans un petit livre. »

....

⭐ C'est en plongeant dans la lecture de ce livre qu'il s'est trouvé dans un autre monde, un monde qui le soulageait des turbulences quotidiennes de sa vie, un monde dans lequel on s'adressait à son âme, dans lequel on entrait en contact avec son vrai moi intérieur. Ce livre s'adressait à son âme. Ses mots résonnaient en elle et le guidaient vers son accord intérieur et sa vraie nature.

68

Soyez celui
que vous êtes réellement !

✦ Henri-Frédéric Amiel[49] a su dire, avec des mots simples, comment nous pouvons nous mettre en accord avec nous-mêmes :

« Apprends à être celui que tu es.
Et apprends avec sérénité à renoncer
à tout ce qui n'est pas toi. »

✦ Ce n'est pas simple de se contenter uniquement de ce qu'on est : j'aimerais tant être tel que celle-ci ou celui-là ! J'aimerais avoir l'intelligence de l'une et le succès de l'autre. Mais alors je poursuivrais toujours la chance sans jamais l'attraper. Le seul chemin vers mon accord interne est le renoncement à tout ce qui ne correspond pas à mon être véritable. Je ne devrais pas me soucier de ce qui ne correspond pas à ma nature. Il suffit que je sois totalement celui que je suis vraiment.

Réconciliez-vous avec vous-même

⭐ La méthode quotidienne pour se mettre en harmonie avec soi-même consiste à se réconcilier avec soi-même. Mais ce n'est pas aussi simple que cela en a l'air. Il faut toujours recommencer, car nous ne nous réconcilions jamais une fois pour toutes avec nous-mêmes. Nietzsche[27] connaissait ce défi, cet éternel recommencement à se réconcilier avec soi-même. Il a écrit :

« Tu dois t'y reprendre à dix fois pour te réconcilier ; car la victoire est amère, et celui qui ne s'est pas réconcilié a le sommeil perturbé. »

⭐ Je dois toujours m'y reprendre pour me réconcilier avec moi-même. Cette victoire me cause souvent un choc amer, mais je ne connais pas de moyen pour l'éviter. Car, selon Nietzsche, si je n'y arrive pas, je dormirai très mal. Tout ce que je ne me suis pas pardonné reviendra me hanter la nuit, dans mes rêves, et me procurera de bien mauvaises nuits.

Le jour viendra

⭐ Nous aspirons tous à parvenir à l'harmonie. Pourtant, nous éprouvons beaucoup de doutes, nous nous posons beaucoup de questions, telles que : « Qu'est-ce qui me convient ? Quand serai-je en phase ? Que dois-je accepter et que dois-je repousser ? »

Rainer Maria Rilke[40] écrivit le poème suivant dans la tension intérieure entre nostalgie et doutes :

« Quand on ressent les questions vivre en soi,
on vit peut-être sans les remarquer réellement.
Puis, un jour, la réponse paraît s'allumer. »

⭐ Il ne s'agit pas de répondre aux questions. Bien souvent d'ailleurs, on ne trouve pas de réponse quand on les cherche. Mais lorsqu'on vit les questions, on trouve souvent leurs réponses. En effet, la vie elle-même nous les donne. C'est pendant que vivent les questions que se forment les réponses.

SIMPLEMENT VIVRE

71

Clair, net et vrai

✳ Comme il est facile de nous dire: « Simplement, vivons ! » Le mot « simplement » a plusieurs significations. Il peut vouloir dire : continuez tout simplement à faire ce que vous faites, sans faire de votre vie quelque chose de spécial ni vous imaginer que vous êtes quelqu'un de spécial. C'est être présent, purement et simplement. Je vis simplement, sans me faire des idées grandioses au sujet de ma vie, quel sens je dois lui donner, comment je dois la comprendre. La simplicité dans ce domaine signifie, selon la tradition, que ma vie est dépourvue de responsabilités. Cette vie va de pair avec la solidarité morale envers les pauvres gens, les démunis.

✳ La simplicité peut aussi s'interpréter comme la véracité, l'authenticité. Lorsque nous disons de quelqu'un qu'il vit simplement, nous pensons d'abord à sa transparence, qu'il est dépourvu de complications, de cachotteries. Il ne doit prendre aucune responsabilité, rien faire de spécial, il ne doit pas se présenter de façon particulière ; il est simplement là. Il est tel qu'il est. Et il vit en conséquence.

72

La liberté intérieure

❊ La nostalgie d'une vie simple est une notion ancienne. Le philosophe stoïcien grec Posidonios d'Apamée[50] vantait les Romains, disant d'eux qu'ils étaient

> *« appelés à devenir les maîtres du monde grâce à la simplicité de leur mode de vie, leur droiture et la crainte de leurs dieux ».*

❊ La simplicité de leur mode de vie leur donnait visiblement la force de maîtriser et pacifier ce monde. Mais quand les Romains furent devenus décadents, à cause de l'immensité de leur empire, cet empire s'effondra.

❊ Les sociologues d'aujourd'hui insistent sur ce que le philosophe stoïcien Posidonios disait il y a deux millénaires. Les élites, rappellent-ils, avaient toutes, au départ, été ascétiques. Une caractéristique des élites est qu'elles vivent simplement. Elles ont des objectifs qui les dépassent. C'est pour cela qu'il leur faut la liberté intérieure qui leur permette de vivre simplement, afin de les préparer pour ces objectifs.

73

En accord avec vous-même et en toute simplicité

✳ Dans la philosophie stoïcienne, la simplicité était un élément central. L'empereur romain Marc Aurèle[51] appréciait particulièrement ce concept. Il utilisait pour cela le mot grec *haplotes*, que le Nouveau Testament mentionne fréquemment. En utilisant ce terme, Marc Aurèle pensait que dans leur modestie, les braves gens « sont simples et de bonne volonté ». Il s'interpella un jour :

« Ne laisse pas l'inquiétude t'envahir, sois simple ! »

✳ Pour lui, être simple signifiait remplir sa tâche sans arrière-pensées, sans se laisser influencer par les passions et être libéré des illusions que l'on se fait fréquemment sur la vie. L'homme simple est naïf et candide. Il est dépourvu de méfiance vis-à-vis d'autrui. Les philosophes eux-mêmes ne doivent pas utiliser de phrases compliquées. La simplicité est bien plus un signe distinctif du philosophe : simplicité et modestie, voilà les objectifs de la philosophie. La simplicité est avant tout le but de l'incarnation de Dieu. L'homme véritable est simple et pur, dépourvu de ruse et de cachotteries.

✳ Marc Aurèle s'écriait en s'adressant à son âme :

« Quand apparaîtras-tu enfin bonne, toute simple, en accord avec toi-même et plus transparente, plus dénudée que ce corps qui t'enveloppe ? »

✳ Pour Marc Aurèle, la simplicité était l'un des biens les plus élevés, auquel il aspira durant sa vie. L'homme qui est pleinement en accord avec la nature et qui s'est libéré des passions est simple. L'homme simple se borne à vivre, et il vit dans la simplicité. Il vit en accord complet avec le plus profond de lui-même et avec Dieu. Il est droit et confiant, limpide et clair.

74

Le don de Dieu

❀ Pour Marc Aurèle[51], la simplicité est la caractéristique d'un bon philosophe et d'un bon meneur. Cette qualité nous serait fort utile aujourd'hui dans ces deux catégories. Celui qui a quelque chose de fondamental à dire peut aussi le dire d'une façon simple.

❀ Konrad Adenauer[52], le chancelier de la République fédérale allemande, avait en lui visiblement quelque chose de la simplicité de l'empereur Marc Aurèle. C'était lui qui disait :

« Il faut voir les choses suffisamment à fond pour qu'elles se simplifient. »

❀ Parler d'un sujet simplement n'est pas un signe de légèreté, mais, au contraire, qu'on l'examine en profondeur. En dernière analyse, toutes les choses sont unifiées, elles sont toutes interconnectées. Quand j'ai suffisamment réfléchi à un thème, que je l'ai désossé, il devient simple. Et je peux alors en parler de manière simple.

❀ Adenauer englobait les pensées simples et les discours simples en un tout. Il disait :

« Penser simplement est un don de Dieu. Penser et exprimer sa pensée simplement, c'est un double don de Dieu. »

❀ Adenauer avait reçu ce don de Dieu. Avec ces mots simples et clairs, il atteignait son audience.

✳ Aujourd'hui, on parle volontiers en politique d'une simplification tendancieuse. C'est une étape intermédiaire entre la pensée et le discours simple et une simplification douteuse. Le mot « simplification » contient deux notions. Se simplifier la vie est une vertu. Simplifier un concept est un don de Dieu pour Adenauer. Pourtant, quand je simplifie les choses en vue de les accommoder à mon goût, cela devient dangereux. Dans ce cas, mon discours simplificateur auprès de mon auditoire devient de la manipulation ou carrément du bourrage de crâne.

75

Votre simplicité est votre dévouement à Dieu

✻ Dans l'Ancien Testament, le mot hébreu *tam* correspond à notre notion de simplicité. Par ailleurs, ce mot a aussi d'autres significations. Et même la Septante[53] traduit ce mot de diverses manières, parfois par « simple », parfois aussi par « complet », « limpide », « pur », « véritable », « sacré », « irréprochable ». Dans le premier livre des rois (9,4.5) Dieu dit à Salomon :

« Quant à toi, si tu marches devant moi comme David, ton père, d'un cœur intègre et avec droiture, en agissant selon tout ce que je t'ai ordonné, si tu gardes mes lois et mes coutumes, je maintiendrai pour toujours ton trône royal sur Israël, comme je l'ai dit à David, ton père : "Quelqu'un des tiens ne manquera jamais de siéger sur le trône d'Israël." »

✻ La simplicité signifie ici le dévouement total des hommes à Dieu. « Être le roi au service de Dieu » illustre ici cette notion. Il ne s'agit pas de la renommée ou de la puissance de Salomon, mais au contraire qu'il soit là pour être au service des hommes. Celui qui se tient au service des hommes avec un cœur simple leur est une bénédiction. On peut compter sur le roi. Il est libéré de toute considération égoïste. Il est totalement pénétré par l'esprit de Dieu, et fixé sur une seule chose : être bon, faire le bien et souhaiter ce qu'il y a de mieux pour les hommes.

76

Le regard sain

✳ Dans le sermon sur la montage, (Mt 6,22,23) et (Lc 11,34-36), Jésus dit :

« La lampe du corps, c'est l'œil. Si donc ton œil est sain, ton corps tout entier sera dans la lumière. Mais si ton œil est malade, ton corps tout entier sera dans les ténèbres. Si donc la lumière qui est en toi est ténèbres, quelles ténèbres ! »

✳ L'œil sain voit les choses comme elles sont réellement. Il ne projette pas ses propres besoins ou ses émotions sur les gens et les choses. Nous remarquons si une personne est saine et droite. Il nous suffit de la regarder dans les yeux pour ressentir ce qui émane d'elle : la clarté ou l'obscurité, l'amour ou la dureté, le besoin de juger ou la tolérance, la bonté ou le mépris. Il y a des gens qui vous saluent amicalement, mais leurs yeux restent froids et absents. Vous ne vous sentez pas à l'aise auprès d'eux. Puis vous rencontrez des gens au regard simple et droit, et vous savez à qui vous avez affaire. D'eux émane un bon rayonnement.

✳ Jésus amplifie ce rayonnement positif, lorsqu'il conseille la méfiance envers les ténèbres :

« Examine donc si la lumière qui est en toi n'est pas ténèbres. Si donc ton corps est tout entier dans la lumière, sans aucune part de ténèbres, il sera dans la lumière tout entier comme lorsque la lampe t'illumine de son éclat. » *(Lc 11,35-36)*

✳ De la lumière émergera d'une personne qui possède l'œil sain et simple. Les gens ressentiront sa chaleur, ils percevront la clarté et la simplicité en elle. C'est ainsi qu'ils pourront lui faire confiance. Et ils se sentiront bien auprès d'elle.

77

Sans arrière-pensées

✳ Paul, qui connaissait la philosophie stoïcienne et sa préférence pour la simplicité, a utilisé sept fois le mot *haplotes* (le don désintéressé). Dans son Épître aux Romains (12,8), il exhortait ainsi les chrétiens :

« que celui qui donne le fasse sans calcul »

✳ (*en haploteti* signifie « en toute simplicité », « dans l'ingénuité du cœur »).

✳ Il mentionna aussi trois fois le don désintéressé dans sa deuxième Épître aux Corinthiens (8,2 ; 9,11-13). Et il offre en exemple son propre désintéressement et sa simplicité à ceux auxquels manque la simplicité :

« … mais j'ai peur que

comme le serpent séduit Ève par sa ruse

vos pensées ne se corrompent loin de la simplicité due au Christ ». (2 Co 11,3)

✳ Ici, il ne s'agit plus de désintéressement, mais de l'orientation de tout son cœur vers le Christ. Le chrétien simple est celui qui se laisse totalement déterminer par l'esprit de Jésus, et qui, de tout cœur, lui fait un don. La simplicité est ici l'expression d'un amour sans arrière-pensées. Il s'agit d'un pur amour. Et c'est une attitude par laquelle on est généreux envers le Christ, et dans laquelle l'esprit du Christ ne vient pas troubler ses propres souhaits égoïstes.

78

Comme des enfants

❋ Quand Jésus nous exhorte à devenir comme des enfants, il pense avant tout à leur simplicité et leur limpidité. Ils n'ont pas d'arrière-pensées. Ils ont encore les yeux clairs, pas gâtés. On y contemple leur candeur enfantine. L'Église primitive avait toujours relié la notion de simplicité à celles de candeur et pureté.

❋ Clément d'Alexandrie[(31)] pensait, en se basant sur l'exhortation de Jésus, que nous devrions devenir comme des enfants, et surtout en avoir la simplicité. Les enfants sont capables d'appréhender le royaume de Dieu car ils sont simples. Ils sont aptes à laisser Dieu entrer dans leur cœur et à se laisser guider par Lui. Luc dépeint les premiers chrétiens dans leur première communauté de Jérusalem comme des gens dont le cœur est simple et pur :

« Unanimes, ils se rendaient chaque jour assidûment au temple ; ils rompaient le pain à domicile, prenant leur nourriture dans l'allégresse et la simplicité de cœur. » (Ac 2,46)

❋ Les chrétiens concrétisent ce que les stoïciens avaient décrit comme étant des gens véritablement droits et simples. Ils peuvent s'unir les uns aux autres, car ils sont intérieurement purs et simples, dépourvus d'arrière-pensées et d'intrigues. Celui qui vit dans une telle simplicité et pureté est rempli de joie. Il est prêt à appartenir à une communauté et peut se réjouir de sa convivialité ouverte et sincère.

Ni méchanceté ni hypocrisie

✳ Les gnostiques faisaient partie d'un mouvement qui définissait les tendances dominantes de la pensée dans la culture hellénistique. C'était du temps où le christianisme primitif s'y établissait. Les gnostiques trouvaient leur dénominateur commun autour de la notion de connaissance. Ils se moquaient des chrétiens dont ils disaient qu'ils étaient simplets et infantiles, mineurs et simples d'esprit.

✳ Clément d'Alexandrie[(37)], un théologien qui connaissait bien la philosophie grecque, défendait les chrétiens contre ces railleries. Pour lui, le mot « enfant » était un titre de noblesse. Il louait cette mentalité enfantine des chrétiens en mots résonnant comme des hymnes. Il disait :

« En ce qui concerne la vérité, les enfants sont les plus simples, les plus enfantins et purs, dont seul Dieu est le père. »

✳ Les enfants ne sont ni méchants, ni hypocrites, ils sont un esprit empreint de droiture et de bon sens. Puis Clément faisait la relation entre l'enfance et la simplicité d'une part, et la jeunesse immanente et les choses neuves d'autre part. Il disait encore :

« Les cœurs jeunes sont ceux qui, au milieu de toutes nos anciennes incompréhensions, sont subitement devenus sages. C'est dans la jeunesse qu'existe le peuple nouveau

par opposition à l'ancien peuple, c'est la jeunesse qui a fait connaissance avec les matières nouvelles. C'est à elle qu'appartient la plénitude débordante du printemps de la vie, le temps de la jeunesse éternelle, durant lequel nous sommes toujours mûrs pour la connaissance, toujours jeunes, toujours tendres, toujours neufs. »

....

✳ La simplicité décrit par conséquent le caractère des gens restés jeunes, d'esprit neuf, qui sont réceptifs à la vie, à la nouveauté. Ils ne sont ni blasés ni saturés, mais vivaces et ouverts.

Doux comme la colombe

✳ La colombe était le symbole de la simplicité dans l'Église primitive. Les Pères de l'Église[24 et 31] s'y référaient sur la base des paroles de Jésus :

> *« Voici que moi, je vous envoie comme des brebis au milieu des loups ; soyez donc rusés comme les serpents et candides comme les colombes. » (Mt 10,16)*

✳ La colombe d'Aphrodite était consacrée par les anciens Grecs. Elle était un symbole de l'amour. Les mots suivants résonnent encore dans le Cantique des cantiques (5,2) :

> *« Elle : Je dormais mais je m'éveille : j'entends mon chéri qui frappe !*
> *Lui : Ouvre-moi, ma sœur, ma compagne, ma colombe, ma parfaite ; car ma tête est pleine de rosée ; mes boucles, des gouttes de la nuit. »*

✳ La colombe symbolise aussi l'amour pur et vierge, qui n'a aucune arrière-pensée. Pour les Pères de l'Église, la colombe était avant tout le symbole de la douceur. Les Anciens croyaient que la colombe n'avait pas de gale, donc qu'elles ne connaissaient pas l'agression. Et ils voyaient en elle l'image de la gentillesse et de l'innocence. C'est pourquoi ils nommaient les chrétiens « les colombes qui plaisent au Christ ». Les chrétiens sont censés être des gens imprégnés de l'esprit du Christ, de sa douceur et de son amour, de sa clarté et de sa limpidité.

81

La clarté intérieure

✳ Vers la fin du Ier siècle, le pape Clément Ier (54) écrivit dans sa première lettre aux Corinthiens :

....

« Soyez simples et naïfs dans la tête et riches d'esprit ! »

....

✳ Souvent, nous confondons naïf avec une lacune de compréhension. Mais le pape Clément rattachait la naïveté à la richesse d'esprit. Celui qui est naïf dans son cœur est moins porté aux intrigues et aux complots. Il peut penser avec clarté. L'esprit de Dieu peut se répandre en lui, car il ne gêne pas Dieu par ses propres dispositions. Celui qui est intérieurement clair est grand ouvert à l'esprit. Il a la plénitude et la richesse spirituelles. Son propre esprit se nourrit à la source de l'esprit de Dieu. C'est grâce à cela qu'il peut se déployer librement et pénétrer dans la profondeur de l'humain.

82

Ce n'est pas si simple !

✴ La langue allemande a sa propre histoire du mot *ein-fach*, qui veut dire « simple ». À l'origine, cela signifiait « pas double, pas assemblé ». La traduction littérale en français de ce mot allemand composé *ein-fach* est « une fois ». *Fach* signifie « multiplié par ». Par exemple, *dreifach* veut dire « trois fois », donc « triple ». Autrefois, ce mot *Fach* désignait un barrage tressé installé au travers des cours d'eau pour attraper du poisson. Au Moyen Âge, on nommait ainsi ce système de pêche quand le tressage était placé dans les ouvertures de la nasse. Puis, ce mot a été utilisé pour décrire un colombage. Enfin, le mot *Fach* a pris sa signification actuelle de « métier », utilisé dans l'enseignement et dans le travail spécialisé de manufactures, d'arts et de sciences. Ce qui a abouti au mot *Fachmann*, c'est-à-dire « professionnel, homme de métier, expert ou spécialiste ». Ce mot désigne des gens qui sont spécialement doués ou formés. On approche enfin du mot *ein-fach*, *eine Fach*, littéralement « un métier », un métier bien spécifique dont le spécialiste a besoin.

✴ Pour le spécialiste, ainsi, tout est simple. Il n'a pas à assembler des choses ni à les exécuter en double. Il n'est donc pas simple de vivre simplement. Car on a besoin du spécialiste qui comprend ce qu'*un* veut dire.

Ne compliquez pas
les choses simples

❋ On a attribué au pape Jean XXIII[(19)] la phrase suivante :

....

*« Simplifiez ce qui est compliqué mais ne compliquez pas
ce qui est simple. »*

....

❋ Mais cela ne signifie pas que nous devions simplifier les choses à l'excès ! Nous devons d'abord examiner à fond leurs contenus dans leur complexité. Il
nous faut pour cela les identifier et les comprendre.
Ce n'est qu'alors que cela se simplifie et que nous pouvons décrire la réalité avec des mots simples. Certaines
personnes compliquent ce qui est simple. Elles le font
fréquemment pour retarder une décision. Elles rendent
tout compliqué afin d'avoir un prétexte pour ne rien
faire, justifiant ainsi leur passivité.

❋ Le pape Jean XXIII, qui avait été délibérément élu
comme « pape de transition », et qu'on ne croyait pas
capable de faire grand-chose, avait résumé les corré-
lations complexes de l'Église en une formule simple :
« Ouvrez les fenêtres ! » avait-il dit.

❋ C'est ainsi qu'il avait eu le courage de convoquer un
concile, qui avait transformé l'Église de fond en comble.

84

Il n'y a pas nécessairement d'obstacles

❋ Lors des discussions, je constate toujours qu'il y a certains participants qui repoussent systématiquement les décisions à plus tard. Ils cherchent un obstacle après l'autre, ils spéculent à propos de quelque chose qui pourrait interférer si nous avançons dans la direction prévue.

❋ Je remarque qu'alors, il y a en moi des pulsions agressives qui font surface. J'ai l'impression que certaines personnes craignent les décisions. C'est pourquoi elles font le tour des obstacles potentiels et y trouvent suffisamment de motifs pour ne pas devoir prendre de décisions. Je pense parfois que mes pulsions agressives sont l'expression de mon impatience. Alors, je recherche la culpabilité en moi-même.

❋ Cela m'a fait le plus grand bien de trébucher sur l'expression suivante de Kafka[55] :

« Ne gaspille pas ton temps à rechercher des obstacles, car il se peut qu'il n'y en ait point. »

❋ Je me sens compris par lui. C'est ainsi que je continuerai courageusement à pousser à la roue pour arriver à des décisions. Et chaque fois que des obstacles seront évoqués dans des discussions, j'examinerai soigneusement s'ils ont surgi d'abord dans la tête de l'interlocuteur au lieu d'émaner de la réalité extérieure.

85
En peu de mots

....

« La simplicité est le produit de la maturité » disait Schiller[(56)].

....

✸ Parfois, nous disons trop vite et péjorativement de quelqu'un qu'il est simplet, simple d'esprit, un peu naïf. Pour Schiller, la simplicité est un signe de maturité d'esprit. Celui qui est mature est également parvenu à être en harmonie avec lui-même. Son accord intérieur exerce aussi une influence sur ses relations avec autrui, elle s'y projette. Vis-à-vis des autres, il apparaît clair et net. Il ne doit pas faire étalage de sa science, il peut se permettre d'être là, tout simplement. La simplicité de sa façon de penser et le rayonnement de sa personnalité ont un effet libérateur et unificateur. En sa présence, les gens se sentent plus lucides, car alors le trouble qui est en eux se dissipe, et ils peuvent y voir clair.

86
La petite clé

❋ Charles Dickens[57] disait :

« Même une lourde porte ne nécessite qu'une petite clé. »

❋ Les mots sont comme des clés qui ouvrent quelque chose dans notre âme. Certains philosophes et théologiens adoptent des mots et des phrases tellement compliqués qu'ils en verrouillent plutôt la porte à la vie en général et la porte à notre vie intérieure. Il suffit pourtant d'une petite clé pour déverrouiller une grande porte. Il nous suffit seulement de trouver le trou de la serrure.

❋ C'est mon objectif en écrivant avec des mots simples d'ouvrir la porte de la vie véritable. J'ai naturellement toujours le sentiment que je n'ai pas encore trouvé la bonne clé. Mais je sais qu'il suffit que cette clé soit toute petite, toute discrète. Et pourtant, tout à coup, la porte s'ouvre et je pénètre dans des espaces nouveaux, ceux de la vérité et de l'amour, l'espace de mon propre intérieur, dans lequel Dieu lui-même cohabite.

87

Vivre en solidarité

❋ Le Mahatma Gandhi[58] s'est illustré par sa sobriété et sa simplicité. Il a montré en exemple un mode de vie simple. Pour lui, il ne s'agissait pas seulement de réaliser son ascèse personnelle, mais surtout de témoigner sa solidarité avec le genre humain. Il exprimait cela de la façon suivante :

«*Vis simplement afin que tous, nous puissions simplement vivre.*»

❋ Ces paroles contiennent deux significations : «Je dois pratiquer une vie simple, afin que d'autres gens puissent tout simplement vivre, en obtenant le minimum vital. Cette façon simple de vivre est alors l'expression de ma solidarité avec autrui.» Mais je peux aussi interpréter autrement ces mots : «Je dois simplement *vivre*, afin que cette vie qui est la mienne s'étende également aux autres, et leur donne la vie. Quand je me permets de vivre, c'est alors une invitation à ceux qui m'entourent pour oser également vivre.»

88
En toute vérité

❋ Tolstoï[59] s'était écarté d'une vie de luxe due à son rang de comte et avait décidé de mener une vie simple. Il a écrit dans son journal :

« La simplicité est une pré-condition non négociable et un critère de la vérité. »

❋ Il ne faisait pas seulement référence à son mode de vie simple, mais aussi à la simplicité de la pensée. La vérité est simple. Les philosophes grecs le savaient déjà, eux qui voyaient que l'unicité, la bonté et la vérité sont indissolublement liées. Être est simple. La vérité est le critère de l'être indéformable. Pour les philosophes grecs de l'Antiquité, la vérité signifie que l'obscurité est extirpée, elle qui nous voilait la vraie réalité. Derrière le voilage, derrière la distorsion, nous rencontrons l'être comme quelque chose de simple, quelque chose d'intrinsèquement clair. Et cela nous mène à la vérité et l'unicité de notre véritable nature.

89

Ne compliquez rien

❋ Erich Kästner[60] montrait dans ses écrits une grande connaissance de la nature humaine. Il avait souvent décrit les différents caractères humains avec humour. Il écrivit, en se référant aux gens qu'il avait observés :

....

« Certaines personnes utilisent leur intelligence pour simplifier les choses, et d'autres pour les compliquer. »

....

❋ Pour lui, être capable de simplifier les choses est un signe d'intelligence. C'est aussi ce que nous disons d'une personne qui examine les différentes facettes d'un point en cours de discussion, et qui les ramène à un ensemble : « Voici qu'émerge quelque chose de simple au milieu du chaos. » Par contre, il y a des gens qui n'arrêtent jamais de discourir, au point que l'on ne comprend plus rien à leurs palabres. Ils utilisent leur intelligence pour tout compliquer, et peuvent parfois nous taper sur les nerfs. Nous avons alors l'impression qu'ils compliquent les choses pour s'élever au-dessus des autres et faire étalage de leurs connaissances. Mais en même temps, nous supposons que derrière leurs discours alambiqués, il n'y a pas réellement de savoir véritable.

90
Peu de mots

❋ Les gens volubiles n'établissent pas de véritables relations avec autrui par leurs nombreux discours. Bien au contraire, ils suscitent plutôt des divergences avec les autres. Ils tiennent les autres à distance avec leur verbiage incessant. Une sagesse hindoue universelle dit :

> *« Pour se comprendre entre eux, les gens n'ont besoin que de peu de mots. Ce n'est que lorsqu'ils ne désirent pas être compris qu'ils utilisent un flot de paroles. »*

❋ Peu de paroles, bien comprises par l'interlocuteur, créent des liens profonds entre les gens. Les mots sont des supports de communication, les mots rapprochent les gens. Mais si quelqu'un n'arrête pas de parler, cela nous donne l'impression que nous n'arriverons pas à introduire le pied dans sa porte. Dans ce cas, nous n'arrivons pas à entrer en contact avec lui, car sa volubilité nous tient à distance. Ses mots, eux, ne créent pas de contact. Ils ont plutôt pour but de nous étourdir, afin que nous nous égarions dans leur nuée, et que nous ne l'approchions pas trop.

Les jours de félicité

❋ Un des aspects importants de la simplicité est la vie simple, le style simple de vie. Aujourd'hui, pour beaucoup de gens qui vivent en pleine conscience, ce style est devenu normal, il va de soi. Ce n'est certes pas un signe de pauvreté ni un caprice. Pour eux, la vie en toute simplicité a sa qualité propre. La simplicité dépourvue d'exigences apporte la satisfaction et amène à la beauté et la clarté de la vie.

❋ Jean Paul[61] écrivait, à propos de cette simplicité de vie :

....

« On peut éprouver des jours de félicité sans avoir besoin d'autre chose que d'un ciel bleu et d'un sol printanier d'herbe verte. »

....

❋ Pour Jean Paul, la simplicité est en relation avec la félicité, la béatitude. Pour celui qui peut se sentir heureux d'un ciel bleu et d'un sol d'herbe verte, la vie simple est une voie vers le vrai bonheur.

92

Tout vous est donné

✳ Lao Tseu[45], le grand sage chinois, avait en tête un style de vie simple, frugal et sans prétention quand il écrivit :

> *« Quand tu réalises qu'il ne te manque rien, le monde entier t'appartient. »*

✳ Quand ce que Dieu m'a offert me suffit, tant à mon corps qu'à mon âme, qu'il s'agisse des gens avec lesquels je vis ou des objets que je possède, le monde entier m'appartient. Ainsi je suis d'accord avec le monde, et je suis en accord avec moi-même. Et quand je suis en harmonie avec le monde, ce dernier m'appartient. Je me sens alors faire partie de ce monde. Quand je parcours la forêt, les sens en éveil et aspirant les senteurs des arbres, je suis en accord avec le monde entier, et finalement en accord avec son Créateur. Pendant cet instant, j'ai l'impression que tout m'appartient. D'ailleurs, tout est là pour moi car cela m'a été donné par Dieu, ce Dieu qui m'a créé et m'a empli de son esprit.

Le vrai maître

✳ Certaines gens décrivent la spiritualité comme un chemin compliqué. Dans une histoire zen, il devient clair que la spiritualité consiste simplement à faire ce qui est correct. Voici cette histoire :

✳ Trois étudiants en zen se demandaient lequel de leurs maîtres respectifs était le plus pieux. « Le mien est tellement pieux, dit le premier étudiant, qu'il peut jeûner pendant des jours entiers. » « Ce n'est pas mal, dit le deuxième, mais le mien est tellement pieux qu'il peut passer des nuits entières en méditation. » « Ce n'est pas mal non plus, dit le troisième, mais mon maître est tellement pieux qu'il mange quand il a faim, et qu'il dort quand il est fatigué. » L'histoire zen conclut ainsi :

« La vraie piété consiste à faire tout simplement ce qui convient. Il ne s'agit pas de transformer sa spiritualité en quelque chose de spécial. Elle consiste bien plus à faire tout simplement ce qui vient à propos. »

94

Se sentir calme

★ Dag Hammarskjöld[62], du temps qu'il était le secrétaire général de l'Organisation des nations unies, avait écrit un certain nombre de pensées qui avaient marqué sa vie. Tout le monde fut surpris du contenu de son journal intime quand il fut rendu public après son décès. Il apparaissait alors comme un homme recherchant la spiritualité, comme un mystique pourrait-on quasiment dire, revenant sans cesse sur le thème de la simplicité dans notre monde compliqué, secoué par des motivations contradictoires et conflictuelles, et difficiles à percer à jour. Un jour, il nota :

> *« La simplicité consiste à décider et négocier à partir du point où nous nous trouvons nous-mêmes. Que de choses s'effacent alors ! Et comme tout ce qui reste tombe à sa place. »*

★ Par conséquent, la pré-condition de la simplicité est de se faire confiance.

★ Quand je suis en contact avec mon vrai moi-même, je vois les choses comme elles sont. Je parviens alors à réussir dans mes efforts à les résoudre. Mais quand je ne suis pas en harmonie avec moi-même, mes yeux sont troublés, et je projette sur tout mes propres angoisses et besoins.

Faire ce qu'il faut faire

❋ Jésus dit au moyen d'une parabole de se méfier de la tentation de vouloir s'élever spirituellement au-dessus des autres, de vouloir se rendre important. Pour Jésus également, la vraie spiritualité consiste simplement à faire son devoir. Dans la parabole du serviteur qui n'a fait que son devoir, Jésus dit :

« A-t-il de la gratitude envers ce serviteur parce qu'il a fait ce qui lui était ordonné ? De même, vous aussi, quand vous avez fait tout ce qui vous était ordonné, dites : "Nous sommes des serviteurs quelconques. Nous avons fait seulement ce que nous devions faire." » (Lc 17,9-10)

❋ La spiritualité, pour moi, consiste donc à faire ce qu'on attend de moi, à faire ce que je suis censé faire en cet instant, ce que mon prochain attend de moi et surtout ce que Dieu attend de moi. Simplement faire ce qu'il y a à faire. D'ailleurs, cela correspond à la sagesse chinoise, qui dit : Tao[21] est l'ordinaire ; il est la voie à suivre. L'homme est spirituel en ce qu'il va son chemin quotidien, qu'il fait ce qu'il y a d'ordinaire à faire, qu'il fait ce qui est attendu de lui en l'instant présent.

96
L'essentiel

❋ Tolstoï[59] avait fort bien compris Jésus, bien qu'en tant qu'écrivain, il parlât un autre langage que celui de la théologie. Mais il était persuadé que la véritable spiritualité consiste à être simplement présent, au bon moment et au bon endroit. On a attribué à Tolstoï la phrase suivante :

« L'heure la plus importante est l'heure présente ; l'homme le plus important est toujours celui qui est juste en face de vous ; et le bien indispensable est l'amour. »

❋ Je ne dois pas édifier de construction spirituelle compliquée. L'essentiel consiste à ce que je sois maintenant pleinement présent, en cet instant précis, et que je devine ce qui est attendu de moi en cet instant. Cela dépend évidemment du lien de confiance qu'on a envers cette personne à cet instant précis. Et l'essentiel, dans cette situation, est l'attitude de l'amour.

97

Le moins compliqué possible

✳ On croit parfois que le mot « simple » est synonyme de « simpliste » et qu'en réalité, la vie est compliquée et ne peut s'expliquer que par des cheminements intellectuels complexes. Heimito von Doderer[63] s'est rendu compte que c'était le contraire. Il a écrit :

« Prises dans leur ensemble, les choses sont toujours simples, telle la vérité elle-même. Seules les moitiés des choses sont compliquées. »

✳ La vérité est toujours simple et claire. La vérité consiste tout simplement à voir la réalité. Pour les anciens Grecs la vérité, dans le sens de dévoilement, qu'ils appelaient *alètheia*, désignait également la réalité. Elle signifiait que le voile masquant toute chose était retiré, et qu'ainsi, nous pouvions regarder l'essence des choses. Celui qui parle des choses de façon trop compliquée n'a en général pas compris la totalité, mais plutôt des bribes de ces choses. Quand une chose est entière et intacte, complète et autonome, elle est toujours simple. Quand une chose n'est pas mûre, ses parties ne s'emboîtent pas bien entre elles. Et même en réfléchissant, nous n'arrivons pas à les faire correspondre. Nous les ressentons comme emmêlées, embrouillées et confuses. Il nous est difficile de les démêler et de les mettre en ordre. Simplifier les choses, mais ne pas les rendre simplistes, c'est là, d'après Albert Einstein, un signe d'intelligence.

98

Plus c'est simple,
mieux ça marche

✻ Les proverbes expriment les expériences faites au cours des siècles. En allemand, il y a le proverbe *Je einfacher die Uhr, desto besser sie geht*. En français, cela correspondrait littéralement à « Plus l'horloge est simple, mieux elle marche. » Quand une horloge est construite de façon claire et simple, elle est fiable, nous pouvons lui faire confiance.

✻ Aujourd'hui, nous regrettons quelquefois la simplicité de certains objets. Par exemple, l'autoradio devient de plus en plus sophistiqué, je dois d'abord en étudier longuement le mode d'emploi avant de pouvoir l'utiliser. Et il arrive parfois que, juste au moment où j'en ai le plus besoin, par exemple pour écouter les informations sur la circulation, il se dérègle. Plus la technologie automobile se complique, plus cette dernière devient fragile. Il arrive sans cesse de nouveaux modèles d'ordinateurs sur le marché, dont nous ne pouvons plus comprendre ni maîtriser la technique. Nous sommes visiblement devenus les victimes de notre ambition de toujours devoir fabriquer quelque chose de plus performant, ce qui veut dire de plus complexe, de plus compliqué.

✻ Quelquefois, la simplicité des choses corrompt la mentalité des gens. Ce qui est valable pour l'horloge est aussi valable pour tous les objets qui ne fonctionnent plus à présent qu'avec une électronique sophistiquée, mais influence aussi notre façon de penser. Notre pensée nécessite, elle aussi, la simplicité, afin d'appréhender les choses telles qu'elles sont. La simplicité est une chose qui non seulement ne nous détourne pas de l'essentiel, mais au contraire, nous y conduit.

99

Traversez la vie pieds nus

✴ Jésus avait fait l'éloge des simples d'esprit. Celui qui est simple d'esprit est celui qui ne s'accroche à rien, celui qui reste intérieurement ouvert et libre. Il peut profiter, il peut jouir des choses qui se présentent à lui. Mais il ne devient pas dépendant de ce qu'il possède. Pour définir ce concept, les Grecs utilisaient le terme *makários* (« heureux »). C'était un mot en tout cas à l'usage de leurs dieux. Seuls ces dieux, qui étaient intérieurement libres, qui ne dépendaient pas du jugement des mortels, étaient véritablement heureux, selon eux. Et ce que Jésus nous a dit est en accord avec la sagesse universelle. Un philosophe hindou l'a formulé ainsi :

> *« L'esprit heureux possède toutes les richesses du monde. Pour celui dont les pieds sont chaussés, la Terre entière n'est-elle pas couverte de cuir ? »*

✴ Celui qui se promène pieds nus sur une prairie ressent ainsi la diversité de la nature ; il est en contact avec tout ce qui existe. Le cuir des chaussures nous isole du monde. Plus nous nous couvrons, plus épaisse est la couche qui nous isole de la terre. Ce que nous possédons nous sépare du tout. La pauvreté et la vacuité, l'ouverture d'esprit et la liberté nous mettent en contact avec le monde. Ce n'est pas ce que nous possédons mais ce avec quoi nous entrons en contact qui nous appartient réellement.

100

Repasser son linge aide aussi

❋ La célèbre actrice américaine Meryl Streep[64] a trouvé sa solution personnelle pour se libérer de la folie des grandeurs. Elle dit :

« On ne devient pas arrogant quand on repasse soi-même son linge. »

❋ Le mot « arrogant » vient du latin *ad rogare*, et veut dire étymologiquement « revendiquer quelque chose d'étranger, avoir la prétention, la présomption d'être quelque chose ». La personne arrogante revendique une valeur qu'elle ne possède pas. Elle se refuse à accepter ce qui est à sa mesure. Elle suppose avoir quelque chose qui la dépasse. Elle consomme beaucoup d'énergie pour maquiller son aspect extérieur. Meryl Streep est d'avis que lorsqu'on repasse soi-même son linge, on est protégé du danger de se surévaluer. Dans de nombreuses institutions de retraite méditative, les membres sont astreints à participer aux tâches quotidiennes. Ils aident à la cuisine, nettoient les toilettes, travaillent au jardin potager. C'est faire preuve de discernement : méditer ne signifie pas s'élever ! Une vie spirituelle doit tout spécialement être aussi terre à terre. Celui qui fait lui-même sa chambre, qui s'occupe de régler ses menues tâches quotidiennes décèle en lui son humanité et ses limites. C'est cela qui nous remet à notre place.

L'espace vital

❉ Beaucoup de gens croient qu'ils doivent toujours avoir plus d'argent. Nous connaissons tous la soif de richesse. Finalement, cela se réduit au désir de posséder suffisamment d'argent pour se permettre d'acheter tout ce dont on a envie. Mais nous remarquons souvent de quelle façon la possession enrichit ; elle ne rend pas heureux mais insatiable : il nous en faudra toujours plus.

Henry David Thoreau[65] donne une autre interprétation de la richesse :

> *« Un homme est d'autant plus riche qu'il peut abandonner plus de choses. »*

❉ Celui qui veut faire beaucoup de choses risque de ne pas faire précisément ce qui est important. Et il n'arrivera pas à se trouver lui-même. Celui qui amoncelle trop de choses n'aura bientôt plus d'espace vital ni d'air autour de lui. Celui qui veut posséder tout ce qu'il voit s'en surcharge. Sa maison se remplit de plus en plus de choses inutiles, au point qu'à un moment donné il n'y aura même plus de place pour lui. Il n'aura même plus d'espace pour respirer. Le chemin vers la richesse intérieure, c'est de se réjouir de ce qu'on voit, sans pour autant vouloir le posséder. Si je devais tout avoir, je vivrais dans l'angoisse permanente qu'on pourrait me le prendre. Les images des choses que j'ai en moi, personne ne peut me les prendre.

102

L'art le plus raffiné

❋ Les plus grands sages de tous les temps qui, par ailleurs, étaient aussi des gens tout à fait ordinaires et faisaient leurs expériences quotidiennes, ont toujours fait appel à la vie simple. Mary Jean Irion[66] avait en tête une telle vie quand elle écrivit :

« Jour ordinaire, laisse-moi prendre conscience du trésor que tu es. Laisse-moi apprendre de toi, t'aimer, te bénir avant que tu partes. Ne me laisse pas t'écouler en quête d'un lendemain rare et parfait... »

❋ Quand je prends conscience de cet instant, je me rends compte que s'y trouve la plénitude. Mais par contre, si j'attends un lever du soleil spécial, un temps particulièrement beau ou un paysage merveilleux, cela me rend aveugle à la beauté du moment. Vivre simplement l'instant présent est l'art le plus raffiné de la vie. Il mène à la vie véritable, à la gratitude de chaque instant.

103
Jouissez de ne rien faire !

🌸 Thich Nhat Hanh[20] rapporte avoir entendu si souvent les gens dire à quelqu'un :

« Ne reste pas assis à ne rien faire, fais-donc quelque chose ! »

🌸 Les parents et les maîtres d'écoles utilisent volontiers ce genre de phrase.

🌸 Une femme qui avait grandi dans une ferme me raconta un jour qu'enfant, chaque fois qu'elle voulait jouer, sa mère lui disait : « Il y a tant à faire ! Fais ceci ou cela. » Cette mère ne supportait pas que la fillette restât simplement assise là, et jouît de ne rien faire.

🌸 Thich Nhat Hanh conseille de mettre cette phrase à l'envers, ce qui donne :

« Ne fais pas simplement quelque chose dans le seul but de t'activer, assieds-toi, sois là, sois présent. Jouis d'être bien vivant, dans l'Ici et le Maintenant. »

🌸 C'est très dur pour celui qui, dans son enfance, a constamment entendu la première phrase, et qui s'en souvient tout au long de sa vie, de se permettre d'être là tout simplement, uniquement dans l'instant présent, sans faire quoi que ce soit ni rien devoir produire.

Contemplez les étoiles

☀ Nous demandons volontiers à des personnalités ce qu'elles pensent léguer à la postérité dans leur testament spirituel. Le théologien philosophe et scientifique Paul Florensky[67], un savant génial dans de nombreux domaines, avait consigné d'aimer la vie simple en guise de testament pour ses enfants :

« Je voulais vous écrire ce qui suit depuis longtemps : Contemplez les étoiles aussi souvent que cela vous est possible. Quand vous avez le cœur lourd, contemplez les étoiles ou durant le jour, le ciel bleu. Quand vous êtes tristes, quand on vous offense, quand vous ne réussissez pas quelque chose, quand une tempête éclate dans votre âme, sortez en plein air et restez seuls avec le ciel. Votre âme, alors, redeviendra sereine. »

☀ Ce père voulait, par ces simples paroles, faire un cadeau à ses enfants : quand ceux-ci exerceraient cet art d'être simplement là à contempler le ciel et les étoiles, ils maîtriseraient leur vie d'une bonne manière. Un testament de l'art de vivre.

105

La liste des petits plaisirs

✳ L'art de vivre simplement consiste à opposer le présent au futur et apporter son attention sur ce qui nous entoure.

✳ Le poète portugais Fernando Pessoa[68] nota dans *Le Livre de l'intranquillité*[69], en 1934, sa liste des petits plaisirs :

« Et puis plus rien…
Un rayon de soleil,
Un petit courant d'air,
quelques arbres, qui encadrent
l'éloignement,
le souhait d'être heureux… »

✳ Là, pas de soucis. Ici, on ne manque de rien, la vie, c'est aujourd'hui. On peut y amplifier la joie, à condition de la rendre consciente.

Bertolt Brecht[70] avait, lui aussi, établi une liste des petits plaisirs. Pour éprouver de la joie, point n'est besoin de grand-chose ni de choses coûteuses. Pour lui, il suffit de :

« Se doucher, nager,
écouter de la musique baroque,
avoir des chaussures confortables.
Comprendre.
De la musique moderne.

Écrire, voir des plantes.
Voyager.
Chanter.
Être aimable. »

✳ Ce sont ces choses simples qui réjouissent le cœur. Cela, chacun peut se le permettre. Il nous suffit de le faire ou de le percevoir.

✳ Chez Goethe[4], la liste des petits plaisirs prend une allure un peu différente. Et malgré tout, en filigrane, il y a une expérience semblable à celle de Brecht :

« Il faudrait tous les jours
écouter au moins une petite chanson,
lire un bon poème,
voir un tableau parfait, et
s'il était possible de le faire,
dire quelques mots raisonnables. »

✳ Les trois premières actions sont en fait passives, elles n'impliquent pas d'activité dans le sens habituel. Elles concernent la réceptivité : nous éprouvons de la joie quand nous entendons une chanson, quand nous lisons un poème et quand nous admirons un tableau. La chanson pénètre notre cœur, le poème nous émeut et le tableau se grave en nous. La quatrième, nous devons la faire nous-mêmes : dire des mots raisonnables, des mots qui expliquent quelque chose, qui éveillent la vie, qui encouragent et réjouissent.

106

Oubliez-vous, soyez pur !

❋ Le bonheur ne s'installe pas aisément. Nous devons le rechercher. Nous n'arrivons pas à nous y accrocher. Mais lorsque nous sommes ouverts, Dieu nous offre constamment des instants de bonheur, en particulier au printemps et en été, quand la nature est en plein épanouissement. Le pré embaume, de la forêt émane un parfum discret. Nous sentons, nous goûtons, nous entendons et nous regardons la plénitude de la vie. Celui qui ouvre tout grand ses sens et qui perçoit le miracle de la Création tout autour de lui éprouve du bonheur. C'est le bonheur qui vient à notre rencontre : il vient de l'extérieur. Mais la nature nous montre encore une autre voie vers le bonheur, qui ne dépend pas d'une de ses saisons.

❋ Quand nous nous laissons pénétrer par la plénitude de la vie, nous sommes heureux, nous sommes en harmonie avec nous-mêmes. Le bonheur est l'expression de la vie épanouie. La plénitude de la vie est là. Il nous suffit de la prendre et de nous ouvrir à elle.

❋ La rose fleurit sans se demander pourquoi, dit Angelus Silesius[71]. Quand, comme la rose, nous nous épanouissons tout simplement sans nous poser de questions, nous sommes en harmonie avec nous-mêmes. Le bonheur correspond à l'oubli de soi-même. Le bonheur, c'est d'être. C'est quand nous devons expliquer et comprendre le bonheur qu'il nous échappe. Il nous faut de nombreuses raisons pour nous sentir heureux, quand nous ne le sommes pas réellement. Celui qui s'oublie, celui qui est totalement dans ce qu'il est en train de faire est heureux. Il ne s'agit certes pas de la perception du bonheur – les sentiments, on ne peut de toute façon pas s'y accrocher. Il s'agit simplement de la capacité d'être là, sans se poser de questions concernant soi-même, mais de mettre à profit ce qui existe, ce qui est en soi, ce qui se trouve autour de soi et dans quelle mesure nous sommes en Dieu. La nature nous invite à posséder la faculté de nous oublier nous-mêmes en y admirant la végétation en fleurs, de nous oublier afin d'être simplement réceptifs à nos sens, et ainsi d'être capables d'apprécier la beauté dont elle nous fait cadeau. Celui qui accepte d'aller à cette école acquiert la faculté de ressentir le bonheur que Dieu nous offre. Il apprendra que de nombreux moments dans la vie ont le goût du bonheur.

ANNEXE

Références des auteurs cités dans le texte

(1) Abraham Joshua Heschel (1907-1972) était un rabbin, théologien et penseur américain.

(2) Heinrich Spaemann (1903-2001) était un prêtre et un écrivain protestant allemand.

(3) Épictète (50-125) était un philosophe de l'école stoïcienne. Né à Hiérapolis, en Turquie, à l'époque sous influence hellénistique, il fut emmené à Rome comme esclave. Affranchi, il assista aux conférences du stoïcien Musonius Rufus et ouvrit une école de philosophie stoïcienne.

(4) Johann Wolfgang von Goethe (1749-1832) était un poète, romancier, dramaturge et homme d'État allemand. Il a été l'auteur d'une œuvre littéraire prolifique. Il est souvent cité en tant que membre des Illuminés de Bavière.

(5) Winston Churchill (1874-1965), nommé Premier ministre de Grande-Bretagne en 1940, a réussi à galvaniser le peuple britannique pendant les tentatives d'invasion allemande, puis à maintenir son moral durant cette guerre, sous les bombardements intenses.

(6) Anthony de Mello (1931-1987) était un prêtre jésuite indien, guide spirituel et psychothérapeute professionnel.

(7) Arthur Schopenhauer (1788-1860) était un philosophe allemand. Sa grande œuvre est *Le Monde comme volonté et comme représentation*, dans laquelle il dépassait l'impossibilité kantienne d'accéder à une connaissance de la chose en soi, de voir au-delà du monde phénoménal.

(8) Benoît de Nursie, aussi appelé saint Benoît (480-547), était le fondateur de l'ordre bénédictin. Il est considéré comme le patriarche des moines d'Occident, à cause de sa règle qui a eu un impact majeur sur le monachisme occidental et sur la civilisation européenne médiévale.

(9) Thérèse d'Ávila (1515-1582) est considérée comme une figure majeure de la spiritualité chrétienne, en plus d'avoir été la première femme reconnue comme docteur de l'Église catholique.

(10) Mark Twain (1835-1910) était un écrivain, essayiste et humoriste américain. Il est resté célèbre grâce à ses romans *Les Aventures de Tom Sawyer*, et sa suite, *Les Aventures de Huckleberry Finn*.

(11) Otto Julius Bierbaum (1865-1910) était un journaliste, rédacteur, écrivain et librettiste allemand.

(12) Heinz Wilhelm Rühmann (1902-1994) était un des acteurs, réalisateurs et producteurs du cinéma allemand les plus connus. Sa carrière d'acteur s'est étalée de 1926 à 1993 !

(13) Georg Neumark (1621-1681) était un poète et compositeur allemand de chants religieux protestants. Il écrivit son lied le plus célèbre *Wer nur den lieben Gott lässt walten* (« Celui qui laisse Dieu seul régner »).

(14) Ingeborg Bachmann (1926-1973) était une poétesse et nouvelliste autrichienne. À travers ses poèmes, elle se consacra au renouveau de la littérature allemande d'après-guerre. Sa thématique a été l'amour et sa violence relationnelle inhérente, l'incommunicabilité dans le couple et le tragique de l'existence féminine.

(15) Regina Ammicht Quinn (née en 1957) est une théologienne allemande, enseignante de l'éthique des sciences à l'université de Tübingen. Ses opinions lui ont valu l'opposition de l'évêché à ce qu'elle soit nommée enseignante en théologie à Augsbourg et à Sarrebruck, car elle prêche la tolérance vis-à-vis des tendances sexuelles humaines.

(16) Henry Ward Beecher (1813-1887) était un prêtre américain congrégationaliste, un réformateur social réputé pour son soutien à l'abolition de l'esclavage.

(17) Jean Bosco (1815-1888) était un prêtre italien qui a voué sa vie à l'éducation des jeunes enfants issus de milieux défavorisés. Il avait fondé la Société de saint François de Sales[39], plus connue sous le nom de congrégation des salésiens.

(18) Rabindranath Thakur dit Tagore (1861-1941) était un compositeur, écrivain, dramaturge, peintre et philosophe indien dont l'œuvre a eu une profonde influence sur l'art du Bengale. Il a fondé l'institution de Shantiniketan à l'université de Visva-Bharati au Bengale.

(19) Le pape Jean XXIII (1881-1963) dont le nom était Angelo Giuseppe Roncalli, s'est brillamment distingué lors de sa papauté pour réformer fondamentalement l'Église catholique romaine, en mettant en œuvre le concile Vatican II, destiné à réconcilier les Églises chrétiennes.

(20) Thich Nhat Hanh, né en 1926, est un moine bouddhiste vietnamien militant pour la paix. Il est l'un des promoteurs du bouddhisme les plus connus en Occident. Son enseignement du zen l'a rendu célèbre.

(21) Vengalil Krishnan Krishna Menon (1896-1974) était le ministre de la Défense de Jawaharlal Nehru après l'indépendance de l'Inde. Il est resté un homme mystérieux, manipulateur et virulent.

(22) Abba Poemen (son nom signifie « le berger » en grec) (340-450). Il était un moine égyptien, le plus mentionné dans les proverbes des *Pères du désert*. Il vécut au monastère de Scetis, l'un des premiers centres monastiques des chrétiens primitifs.

(23) Georg Christoph Lichtenberg (1742-1799). C'était un philosophe, un écrivain et un physicien allemand. À son retour d'Angleterre, il devint professeur de philosophie à Göttingen et conseiller de la Cour.

(24) Saint Augustin (354-430). Augustin d'Hippone était philosophe, théologien et évêque et fut l'un des quatre Pères de l'Église latine. Il est né et a vécu en Kabylie. Il fut un orateur et rhéteur redoutable.

(25) Les Pères de l'Église latine furent saint Augustin, saint Ambroise, saint Jérôme et Grégoire Ier.

(26) Aldous Leonard Huxley (1894-1963) était un écrivain britannique. Il est célèbre pour son roman *Le Meilleur des mondes*. Il s'est préoccupé des applications potentiellement nuisibles des progrès scientifiques.

(27) Friedrich Wilhelm Nietzsche (1844-1900) était un philosophe et poète allemand. Son œuvre est une critique de la culture occidentale moderne et de l'ensemble de ses valeurs morales, politiques, philosophiques et religieuses. Cette critique procède d'un projet de dévaluer ces valeurs et d'en instituer de nouvelles. Il affirme un éternel retour de la vie par le dépassement de l'humanité et l'avènement du surhomme.

(28) Thomas d'Aquin (1224-1274) vécut en Italie. Il était un religieux de l'ordre dominicain. Il est considéré comme l'un des principaux maîtres de la philosophie scolastique et de la théologie catholique.

(29) Héraclès de Macédoine (328-309 av. J.-C.) était le fils illégitime d'Alexandre le Grand et de Barsine, fille du satrape d'Ionie Artabaze.

(30) Platon (428-348 av. J.-C.) était un philosophe grec. Il parla du beau et du courage, et élabora la théorie des formes et la théorie des idées. La Cité modèle, selon lui, doit être construite sur le modèle du Bien en soi.

(31) Clément d'Alexandrie (150-220), l'un des Pères de l'Église chrétienne, était un lettré grec. Il chercha à harmoniser la pensée grecque et le christianisme. Dans son *Protreptique*, il s'efforce de montrer la grandiose unité de la révélation divine dans l'œuvre des philosophes et de leurs maîtres à tous, les prophètes de l'Ancien Testament. Ses démonstrations exégétiques très allégoriques ont fait peur aux savants chrétiens des siècles suivants.

(32) Orphée est un héros de la mythologie gréco-indienne, fils du roi de Thrace Œagre et de la muse Calliope. En Grèce antique, il a inspiré un mouvement religieux appelé orphisme.

(33) Paul Williams (1939-1973) était un chanteur et chorégraphe américain. Il était un des fondateurs du groupe Motown *The Temptations*, durant la période « Cinq classiques ».

(34) Tao est un terme de philosophie chinoise signifiant « voie, chemin ». Le tao est la force fondamentale qui coule en toutes choses dans l'univers, vivantes ou inertes. C'est l'essence même de la réalité et par nature ineffable et indescriptible. Il est représenté par le taijitu, symbole représentant l'unité au-delà du dualisme yin-yang. Le tao peut être considéré comme la matrice préalable au sein de l'univers au passage du souffle originel, précédant la parité binaire du yin-yang. Il est au cœur des conceptions éthiques chinoises généralement considérées comme une pragmatique du juste milieu.

(35) Willa Cather ou Wilella Sibert Cather (1873-1947) était une romancière américaine. Elle a abondamment décrit les grandes plaines des États-Unis, pendant la conquête de l'Ouest.

(36) Hilde Domin (1909-2006) est le pseudonyme de Hilde Palm, née Löwenstein. Elle était une poétesse et écrivain allemande, l'une des plus importantes de son temps.

(37) Sénèque (- 4-65) était un philosophe de l'époque stoïcienne et un homme d'État romain. Il était le précepteur de l'empereur Néron. Ses *Lettres à Lucilius* exposent ses conceptions philosophiques : « Le souverain bien est une âme qui méprise les événements extérieurs et se réjouit par la vertu. »

(38) Theodor Fontane (1819-1898) était un écrivain allemand. Derrière une critique apparente de ses personnages transparaît une critique de la société bourgeoise du XIXe siècle.

(39) François de Sales (1567-1622) était un évêque savoyard, proclamé saint et docteur de l'Église catholique romaine. Il devint un théologien considéré et accéda au siège d'évêque de Genève, où il fonda l'ordre de la Visitation.

(40) Rainer Maria Rilke (1875-1926) était un poète et écrivain allemand. En 1897, il rencontra Lou Andreas-Salomé. Leur amour enflammé se transforma petit à petit en amitié et admiration réciproque. Après son voyage en Russie, il se rendit à Paris, où il devint le secrétaire d'Auguste Rodin. Il se consacra plus tard à la poésie, plus apte selon lui à restituer les méandres de l'âme.

(41) Thomas a Kempis (Thomas von Kempen, 1380-1471) était un moine augustin, un copiste, un écrivain et un mystique. On lui attribue la rédaction du livre le plus lu après la Bible depuis le XVe siècle : *L'Imitation de Jésus-Christ*, en latin *De imitatione Christi*. Plus tard, il fut admis au couvent des augustiniens du Mont Sainte-Agnès près de Zwolle, aux Pays-Bas. Sa vie est sans doute caractérisée par ces mots : « En toutes choses j'ai cherché la paix et ne l'ai point trouvée, sauf dans les livres et le retrait du monde. »

(42) Maître Eckhart (Eckhart von Hochheim, 1260-1328) était un métaphysicien, théologien et philosophe dominicain. Son enseignement spirituel est formulé à partir d'une invitation à la déshabitation du corps considéré comme moyen nécessaire de l'union à Dieu, et à la réception de Dieu dans le cœur du disciple. La réception de Dieu en l'âme du croyant rejoint le thème patristique classique nommé « inhabitation trinitaire » : la Trinité descend dans le fond de l'âme avec toutes ses propriétés.

(43) David Steindl-Rast, né à Vienne, en Autriche en 1926, est un moine et un enseignant en spiritualité. Il émigra aux États-Unis en 1952 où il devint moine bénédictin en 1953. Il s'est distingué par sa promotion du dialogue interconfessionnel comme cofondateur du Centre des études spirituelles (Center for Spiritual Studies) aux États-Unis. Ce centre a entre autres des enseignants juifs, bouddhistes, hindouistes et soufis. Il a été chargé en 1966 de poursuivre le dialogue entre chrétiens et bouddhistes.

(44) Paul Tillich (1886-1965) était un écrivain et un théologien protestant. D'origine allemande, il fut chassé de l'université parce qu'il avait pris la défense d'étudiants juifs molestés par les nazis. Il s'exila

alors aux États-Unis. Il fut l'un des plus grands théologiens du XXe siècle. Sa *Théologie systématique* est son œuvre maîtresse.

(45) Lao Tseu (V^e- IVe siècle avant J.-C.) a été un sage chinois et un contemporain de Confucius. Il est considéré comme le fondateur du taoïsme. Son livre Tao Tö King (*Livre de la voie et de la vertu*) est un texte majeur du taoïsme.

(46) Hermann Hesse (1877-1962) était un romancier allemand, russe et suisse. Son roman *Siddhartha* développe la thèse que la plénitude spirituelle ne peut être trouvée ni dans le renoncement aux réalités du monde ni dans la doctrine de Bouddha, mais dans l'expérience des sens : l'ouverture au monde et la transcendance où s'unissent la vie et l'esprit.

(47) « Je serai qui je serai » est la traduction littérale de ce qui est écrit dans la Bible originale en hébreu, au chapitre 3, verset 14 de l'Exode (épisode de Moïse et du buisson ardent sur le Mont Sinaï). Diverses variantes de cette phrase sont apparues dans les traductions de la Bible, telles que « Je suis qui je suis », « Je suis celui qui est » ou encore « Je suis qui je serai » (NdT).

(48) George Bernard Shaw (1856-1950) était un dramaturge et auteur célèbre de pièces de théâtre. Irlandais, il était acerbe et provocateur, pacifiste et anticonformiste.

(49) Henri-Frédéric Amiel (1821-1881) était un écrivain et philosophe suisse romand, célèbre pour son gigantesque journal intime, de près de 17 000 pages. De cours extraits firent sensation à cause de la clarté de sa pensée, de la sincérité de son introspection, de sa vision découragée de l'existence et de sa tendance à l'autocritique.

(50) Posidonios d'Apamée (135-51 av. J.-C.) était un philosophe stoïcien, géographe et historien. Il est le brillant représentant de l'esprit hellénistique, à la fois empirique et spéculatif, curieux de tout.

(51) L'empereur romain Marc Aurèle (121-180) était non seulement empereur, mais aussi un philosophe stoïcien. Il cultiva la lecture pendant toute sa vie, et l'emporta sur tous les empereurs par la pureté de ses mœurs.

(52) Konrad Adenauer (1876-1967) fut le premier chancelier fédéral de la République fédérale d'Allemagne, auteur de son redressement. On le considère comme le père de l'Allemagne contemporaine et l'un des pères de l'Europe et de la réconciliation franco-allemande, avec le général de Gaulle.

(53) La Septante est la traduction de l'Ancien Testament (la Bible hébraïque) en grec. Elle aurait été réalisée à Alexandrie vers l'an 270 av. J.-C., à la demande du pharaon Ptolémée II sur les conseils du fondateur de la bibliothèque d'Alexandrie, Démétrios de Phalère.

(54) Le pape Clément Ier (mort en 99), ou saint Clément de Rome, est considéré selon la tradition catholique comme le premier des Pères apostoliques et le quatrième évêque de Rome.

(55) Franz Kafka (1883-1934) était un écrivain de langue allemande. Il est considéré comme l'un des écrivains majeurs du XXe siècle. Il laisse une vaste œuvre, caractérisée par une atmosphère cauchemardesque, sinistre, où la bureaucratie et la société impersonnelle ont de plus en plus de prise sur l'individu. Son œuvre est vue comme un symbole de l'homme déraciné des temps modernes.

(56) Friedrich von Schiller (1759-1805) était un poète et écrivain allemand. Il écrivit des œuvres historiques. Suite à ses nombreux écrits contre les tyrans, la France de la Révolution française lui donna la nationalité française. Il se lança alors dans la rédaction de nombreuses pièces de théâtre pour la cour du Grand Duché de Weimar.

(57) Charles Dickens (1812-1870) a été considéré comme le plus grand romancier de l'époque victorienne. Il a été un infatigable défenseur du droit des enfants, de l'éducation pour tous, de la condition féminine et de nombreuses autres causes, dont celle des prostituées. Il est apprécié pour son humour et sa satire des mœurs et des caractères.

(58) Mohandas Karamchand Gandhi, surtout connu comme Mahatma Gandhi (2 octobre 1869-1948), était un dirigeant politique et un important guide spirituel de l'Inde et du mouvement pour l'indépendance de ce pays. Il a été un théoricien de la résistance à l'oppression à l'aide de la désobéissance civile de masse, le tout fondé sur la non-violence, qui a contribué à conduire l'Inde à l'indépendance. Ses critiques importantes envers la modernité occidentale, les formes d'autorité et d'oppression (dont l'État), lui valurent la réputation de critique du développement. Gandhi a été reconnu comme le « père de la nation » en Inde. Son anniversaire a été déclaré « Journée internationale de la non-violence » par l'assemblée générale des Nations unies.

(59) Léon Tolstoï (1828-1910) était un écrivain majeur de la littérature russe, riche d'analyses psychologiques et de réflexion morale et

philosophique. À la fin de sa vie, il devint une sorte de maître à penser prônant une vie simple et morale et combattant les institutions oppressives et les formes de violence : il a eu de ce fait une grande influence sur des personnalités comme le mahatma Gandhi, Romain Rolland et bien d'autres.

(60) Erich Kästner (1899-1974) était un écrivain allemand, scénariste et créateur de spectacles de cabaret. Il est connu du public allemand pour sa poésie critique pleine d'humour, et pour ses livres pour la jeunesse.

(61) Jean Paul (1763-1825), de son nom complet Johann Paul Friedrich Richter, était un écrivain allemand. Il suivit des études de théologie à l'université de Leipzig. Il écrivit le roman *La Loge invisible* qui rompait avec le style satirique de ses premières pièces. Il adopta pour l'occasion le pseudonyme de Jean Paul en hommage à Jean-Jacques Rousseau.

(62) Dag Hammarskjøld ou Hammarskjöld (1905-1961), de nationalité suédoise, a été le deuxième[e] secrétaire général des Nations unies de 1953 à 1961, succédant à Trygve Lie.

(63) Heimito von Doderer (1896-1966) était fils d'un chevalier autrichien catholique et d'une mère protestante. À Vienne, il étudia l'histoire et la psychologie. Marié à une femme juive, il s'en sépara et adhéra au parti nazi autrichien, puis allemand en 1936. Petit à petit, il s'en éloigna et se convertit au catholicisme en 1940. Rentré en Autriche en 1946, il fit paraître un roman-fleuve en 1951, *Die Strudlhofstiege* qui le rendit célèbre. Il s'y remaria.

(64) Meryl Streep (née aux États-Unis en 1949) est considérée par beaucoup comme la meilleure actrice de l'ère moderne. Elle a été maintes fois reconnue par ses pairs, avec dix-sept nominations aux Oscars. Le président Barack Obama lui a décerné la médaille nationale des Arts en 2010. En 2012, elle a incarné Margaret Thatcher dans *La Dame de fer*.

(65) Henry David Thoreau (1817-1862 aux États-Unis) était surnommé le poète naturaliste. Ses différents écrits remplissent vingt volumes, bien qu'il soit mort à 44 ans. Son œuvre majeure, *Walden ou la Vie dans les bois*, exprime ses réflexions sur une vie simple menée loin de la société. D'autres de ses œuvres sont à l'origine de la conception de la non-violence, et ont influencé des figures politiques, spirituelles

ou littéraires telles que Léon Tolstoï, Mohandas Gandhi et Martin Luther King. Les différents mouvements écologistes le considèrent comme l'un des pionniers de l'écologie.

(66) Dans sa série *Poèmes*, Mary Jean Irion (née vers 1945) a édité en janvier 2010 le poème suivant sous le titre « Normal Day » :

Normal day, let me be aware of the treasure you are.

Let me learn from you, love you, bless you before you depart.

Let me not pass you by in quest of some rare and perfect tomorrow.

Let me hold you while I may, for it may not always be so.

One day I shall dig my nails into the earth,

or bury my face in the pillow, or stretch myself taut,

or raise my hands to the sky and want, more than all the world, your return.

(67) Paul Florensky (1882-1937) était un théologien orthodoxe russe, philosophe, mathématicien, inventeur et ce qu'on appelle dans l'orthodoxie un néo-martyr. Il fut comparé à Léonard de Vinci du fait de l'étendue des domaines dans lesquels il excellait.

(68) Fernando Pessoa (1888-1935) était un écrivain, un critique polémiste et un poète portugais. Grâce à ses vers mystiques, son sensationnisme et sa prose poétique, il a contribué au surgissement du modernisme au Portugal.

(69) *Le Livre de l'intranquillité*, œuvre posthume de Pessoa (voir ci-dessus), est le récit du désenchantement du monde, la chronique suprême de la dérision et de la sagesse mais aussi de l'affirmation que la vie n'est rien si l'art ne vient lui donner un sens.

(70) Bertolt Brecht (1898-1956) était un dramaturge et metteur en scène allemand. En 1928, il créa *L'Opéra de quat' sous* qui fut un grand succès théâtral dans la République de Weimar.

(71) Angelus Silesius (1624-1677) était un théologien, un auteur lyrique et médecin allemand. Ses épigrammes profondément religieuses et mystiques font partie des œuvres lyriques significatives de la littérature baroque.

À propos de l'auteur

✣ Docteur en théologie, Anselm Grün, né en 1945, appartient à l'ordre de saint Benoît et gère l'abbaye des bénédictins à Münsterschwarzach, en Allemagne. En outre, il est conseiller spirituel et enseigne la méditation, l'interprétation des rêves en psychanalyse profonde, le jeûne et la contemplation. Il a réalisé de nombreuses publications sur ces sujets, dont *Un cœur en paix* paru aux éditions Jouvence, qui rencontrent un écho international très vif.

✣ Depuis 2006, il fait publier sa *Newsletter*, « Vivre simplement. La lettre d'Anselm Grün », aux éditions Herder.

Dépôt légal : novembre 2013
IMPRIMÉ EN FRANCE

Achevé d'imprimer le 25 février 2014
sur les presses de l'imprimerie « La Source d'Or »
63039 Clermont-Ferrand
Imprimeur n° 13909

PEFC/10-31-2008

Dans le cadre de sa politique de développement durable,
La Source d'Or a été référencée IMPRIM'VERT®
par son organisme consulaire de tutelle.
Cette marque a été attribuée à l'issue d'un programme d'investissements
et d'un audit garantissant la totale récupération des déchets
à des fins de recyclage.
Cet ouvrage est imprimé - pour l'intérieur -
sur papier bouffant « Book Premium » 90 g (main de 1,6),
des papeteries UPM-Kymmene, dont l'usine de Docelles (Vosges) a obtenu
les certifications environnementales ISO 9001, ISO 14001 et OHSAS 18001.